Marie Rotkopfs Texte haben Widerhaken, man reibt sich daran und will lieber nichts wissen, aber leider hat sie recht: Nur in Europa wurden Roma, Sinti, Juden und »Asoziale« mit bürokratischer und industrialisierter Perfektion vernichtet, Europa hat seinen Wohlstand der Sklaverei außerhalb – und innerhalb – Europas zu verdanken. Aber alle finden, es sei jetzt genug und richten sich romantisch ein. Doch wenn Gerechtigkeit unentbehrlich sein soll, müssen die verschleiernden romantischen Widersprüche wie Heimat, Nation und Volksgemeinschaft endlich in Frage gestellt werden:
Rotkopf setzt sich mit un-pop-ulären Gedanken auseinander, mit Patriarchat, Krieg, Macht und Zensur. Sie hinterfragt die Begrenzungen und schreibt Poesie als Revolte. Ihr *Antiromantisches Manifest* ist ein Aufruf für das Fremdsein als einzig mögliche Lebensweise. Es ist ein spottender Akt des Widerstands, das Große Lachen.

Marie Rotkopf, geboren in Paris, ist Autorin, Künstlerin und Kulturkritikerin. 1990/91 Internatsbesuch in Westdeutschland, Studium der Kunstsoziologie an der Sorbonne, lebt in Hamburg. Sie war Leiterin der Kommunikation des ersten zeitgenössischen Kunstmuseums in der Pariser Banlieue. 2007 Gründung der deutsch-französischen Künstlergruppe *Internationale Surplace* mit Daniel Megerle. Beiträge in und für diverse Kunstzeitschriften, Ausstellungen und Performances.

MARIE ROTKOPF

ANTI ROMANTISCHES MANIFEST

EINE POETISCHE LÖSUNG

EDITION NAUTILUS

Edition Nautilus GmbH
Schützenstraße 49 a · D - 22761 Hamburg
www.edition-nautilus.de

Originalveröffentlichung,
mit Ausnahme von *Salz der Helden*,
zuerst erschienen im Katalog *unSICHTBAR, widerständiges im salzkammergut*,
Landesausstellungsbeitrag 2008 in Strobl,
Österreich; sowie
Warum ich ein homosexueller Mann bin,
zuerst erschienen in der Publikation der
BBK, *POSITION*. Mit *Call*:
Hat Feminismus in der Kunst politische Folgen?
Hamburg, 2015

Erstausgabe der vorliegenden Ausgabe
März 2017
Umschlaggestaltung: Maja Bechert, Hamburg
www.majabechert.de
Porträtfoto Seite 2: Dirk Fellenberg
Druck und Bindung:
CPI – Clausen & Bosse, Leck
1. Auflage
ISBN 978-3-96054-044-1

Für
Catherine Raganeau
Richard Rotkopf

INHALT

écrire pour ne pas voir les images

VOR- UND NACHWORT

Zu glauben, dass das *Antiromantische Manifest* eine Abrechnung sein könnte, mit Deutschland, mit der Männlichkeit – diese Vorstellung selbst bietet mehr als Ironie, und dies nicht im Sinne der ersten Romantiker:
Es ist Zynismus, deutscher Zynismus, in der Weise zynisch, wie die Deutschen vor siebzig Jahren die Kosten der Okkupation Griechenlands die Griechen selbst bezahlen ließen und wie Angela Merkel die Flüchtlingsfrage benutzte (und parallel alle Flughäfen Griechenlands verkaufen ließ), um sich eine Weile als Retterin des christlichen Europas zu krönen, oder wie damals Barack Hussein Obama sich mit dem Kampf für die Rechte der Schwarzen und der Armen in den USA schmücken wollte.

Sollen sie doch in das Paradies eingehen, um sich mit den 11 000 Jungfrauen zu vereinigen, neben der Heiligen Ursula von Köln.

Das *Antiromantische Manifest* ist ein Plädoyer für das Fremdsein als Freiheit, als einzig mögliche Lebensform.

Was soll das sein, die Romantik*, oder romantisch zu sein, zeitgeschichtlich gesehen?*

Romantik *sieht das Leben wie einen Roman, und so ist auch die Etymologie. Elisabeth Décultot führt weiter aus: Romantik ist dazu da, »um die gefährliche Lust an der Chimäre im Gemüt aufzuwecken«*[1]. *Uns beschäftigt die deutschromantische Kulturbewegung in ihrer Spezifität und ihrer Dauer. Eckart Kleßmann resümiert wunderbar diese Besonderheiten, als er sie mit der englischen Romantik (und der Figur von Percy Bysshe Shelley) vergleicht.*

»Die deutsche Romantik hatte sich nie mit realpolitischen Gegebenheiten befasst, sie schwärmte von einem am Modell des Mittelalters orientierten utopischen Ständestaat katholischer Prägung und verlor sich in spekulativer Gesinnung; Shelley hingegen ging von den sozialen Tatbeständen seines Landes aus und versuchte politisch aktiv zu werden, was einem deutschen Romantiker nie in den Sinn gekommen wäre. [... Shelley] wurde unterstützt von Journalisten, Publizisten und Studenten, von denen ein Zeitgenosse sagte: »Sie versäumten die Kollegs, achteten die Gesundheit des Körpers gering und träumten nur von der Erneuerung der Gesellschaft und von dem Marsch des Geistes. [...] Die deutschen Studenten jener Jahre aber träumten nur von der Wiederherstellung

1 In *L'Europe romantique*, revue *Critique* n° 745-746, Paris, 2009

ROMANTIK ENTSCHLEIERT

Zur komplexen und romantischen Vision
unserer Weltanschauung

»Erinnert euch: Was immer auch passiert, die Sonne wird jeden Morgen aufgehen und Amerika wird immer die größte Nation auf Erden bleiben.«

Barack Hussein Obama, Friedensnobelpreisträger und ehemaliger Präsident der USA, am 9/11/2016 nach dem Sieg von Donald Trump

Mit diesem romantischen Satz fangen wir an.

Wir fangen mit der *unverzichtbaren* Nation an, wir fangen mit dem Wesentlichen an,
wir fangen mit dem Ursprung an, wir fangen mit der Gewalt der Macht und der Lüge an.
Mit der Realität.

Wir fangen mit dem weißen Obama an, auch wenn der schwarze Donald Trump gewählt worden ist, und wir werden mit den Europäern weitermachen.

Wir fangen mit dem Mythos an, weil wir alle Jean-Luc Nancy und Philippe Lacoue-Labarthe gelesen haben, obwohl wir immer noch nicht wissen, welches von den beiden Ländern die Welt beherrscht, Deutschland oder die USA?
Gleichzeitig ist uns bekannt, dass ein geeintes Europa von den USA leidenschaftlich gewünscht wurde, um es später schwächen zu können.
Jede Perspektive kann heterogen sein, es gibt nur eine einzige Realität und sie ist aus zwei Elementen zusammengesetzt: Gewalt und Krieg und deren Machtverhältnis.
Romantisierung schließt die Pyramide.
Darüber schwebend, unausweichlich, betrachtet uns Romantik wie das amerikanische dritte Auge Gottes, des protestantischen Christus.
Das dreckige Dreieck, das unseren Sadomasochismus verdeckt.
Die Romantisierung hält uns davon ab, die Heuchelei zu erblicken.

eines einigen deutschen Kaiserreichs, gerade die Erneuerung der Gesellschaft interessierte sie nicht.«[2]

Romantik besteht aus drei Geschichten, drei Kreisen, die ineinander rotieren. Romantik beginnt mit Friedrich Schlegels Diktum: »Ironie ist klares Bewußtseyn der ewigen Agilität, des unendlich vollen Chaos«. Die Frühromantiker aus den 1790er Jahren wie Friedrich Schlegel, Ludwig Tieck oder Novalis sind beeinflusst von philosophischen Ideen der Aufklärung und des frühen Deutschen Idealismus.

Die Entwicklung der Literatur und der Aussagesysteme lenkt den Blick auf das Dunkel und die Rückseite des rationalen Diskurses; auf Melancholie, Kreatürlichkeit, Wahnsinn, Schrecken, ausgeschmückt mit Geschichtsphilosophie und überhöhten Elementen einer religiös durchdrungenen Natur. Diese sind klar, unter anderen, bei E.T.A. Hoffmann oder Caspar David Friedrich zu erkennen. »Die Aufgabe der romantischen Modernität besteht nicht im Sagen der Dinge, sondern im (sich selbst) Sagen«, sagte Maurice Blanchot.
Durch die romantische Kunst entsteht eine neue Mythologie, der Mythos wird rehabilitiert. Es fing mit Sammlungen von Mythen und Märchen an und ging bis zu kitschigen Umformungen von Volksliedern. Dies ist ausschlaggebend.

2 In *Die Welt der Romantik*, Max Hueber Verlag, München, 1977

Sie immunisiert uns vor der Realität.

Romantisch sein schützt uns vor der gelben Gefahr und vor den Russen.

ROMANTISCH SEIN SCHÜTZT UNS GEGEN
DIE VERSCHWÖRUNG.

Wir sind nicht empört, wir sind fertig mit dem Idealismus.

Wir verweigern die westliche Propaganda.
Wir verdammen die europäische und amerikanische Kommunikation.
Die Verdrehung des Geschichtsverständnisses,
die Obszönität der Diskurse verabscheuen wir.

Unser sehr tiefes Gefühl der Feindschaft ist zuerst einmal die Energie der *Luzidität.*
Wir wollen aber weder psychoanalysieren, noch eine Kommune coachen, und wir lehnen die buddhistische Gleichgültigkeit ab.

Aus dieser rettenden Asymmetrie in uns, dieser Opposition, werden wir dann an der antiromantischen Zerstörung arbeiten.

Wir = Wolfgang Schäuble:
Wir leben in widersprüchlichen Zeiten.[3]

Es gibt nur einen Hass.
Er ist Teil der Romantisierung unserer Gesellschaft:
der Hass der Superreichen gegenüber den Menschen, die arbeiten müssen.
Saudi-Arabien als Vorsitzender des UN-Menschenrechtsrats ist Hass.
Die Privatisierung von staatlicher Entwicklungshilfe: Hass.
Hass: Frank-Walter Steinmeier und Heckler und Koch.

Hass mit einer Pointe von Missachtung. Aber immer demokratischer Hass, in zeitgenössischem farbigen Neon. Von einem

3 Wolfgang Schäuble in einem Gastbeitrag in der *Frankfurter Allgemeinen Zeitung*, 27.09.2016: Dort beginnt er 35 Mal einen Satz mit »Wir«.

Denn diese neue Symbolik, »diese mythischen Restitutionsversuche [waren] zwar intellektuell weniger aufregend, dafür aber erheblich breitenwirksamer [...] als all das, was zu Beginn des 19. Jahrhunderts als neue ästhetische Mythologie entworfen wurde«.[4]

Dieser Aspekt ist nicht harmlos: Romantik hat im Grunde genommen politische Absichten. Die Deutschromantik verstand sich bald als Reaktion auf die Französische Revolution (und vor allem gegen Napoleon!) und als nationale Identitätssuche, und dies im Vergleich zur französischen und englischen Romantik am längsten und extremsten. Vor dem Hintergrund des noch-nicht-vereinten Deutschlands und der Existenz einer besonderen inneren deutschen Mentalität.

Dem Gefühl des Fremdseins – das einsame Subjekt, das keinen Bezug zur »Gesellschaft« findet, und mit den unendlichen Möglichkeiten der persönlichen Selbstentfaltung vollkommen überfordert scheint –, das einem so romantisch vorkommt, kann man durch die Suche nach Heimat entkommen.

Das ist wirklich romantisch.

Auch die Erfindung der romantischen Liebe hat zu einem politisch folgenschweren Bild der Frau beigetragen: die Frau als Gefahr, die die Integrität des Mannes bedroht, bis zum Fall der Zivilisation. Das misogyne Bild der Frauen wurde bei den Dandys später noch radikaler ästhetisiert.

4 Detlef Kremer, *Prosa der Romantik*, Verlag J.B. Metzler, Stuttgart/Weimar, 1997

arabischen jungen Künstler aus der Pariser Banlieue gemacht oder von einer Frau, die lieber das Wort auf Stoff näht.

Sie näht den Satz »Befreit die afghanischen Frauen der Taliban«. Das war 2001, und selbst wenn einige Feministinnen sich gegen die Vereinnahmung der Sache der Frauen aufgelehnt haben, gehen die afghanischen Frauen dem Westen am Arsch vorbei.

Was ist romantisch heute?
Sich von seinen Gefühlen fortschwemmen zu lassen?
Romantisch ist, in Wirklichkeit: der ursprünglichen Frage auszuweichen.
Romantisch ist, nicht über die Ursache zu reden.

Die Ausnutzung, die bewusste, öffentliche Manipulation des Volkes – oder des Menschen – im Privaten, für *das Endziel*: Das ist romantisch.

Romantik hat sich auf der Nostalgie für die Stände, das mittelalterliche Christentum aufgebaut, wo alles seine Ordnung haben muss, seinen Platz hat.
Romantik hat eine Chimäre erschaffen, um die Knechtung der Menschen zu begründen.

Das sind die fünf Säulen unserer romantischen Gesellschaft, die Werte des 19. Jahrhunderts, die wir pflegen, in allen Bereichen unseres Lebens:

Die Erfindung der sozialen Geschlechter und ihrer Unterwerfung, die Verherrlichung der Männlichkeit durch Zusammengehörigkeit (was uns als nützlich verkauft wird, obwohl es Verblödung und soziale Ausgrenzung ist, wie die Fußballindustrie) oder als einzigartiges Genie in der Kunst.

Das Nationalgefühl durch eine Nationalerzählung umformen (das, was die Franzosen im Moment so schön *récit national* nennen), was *immer* zu Imperialismus und Kolonialismus führt (nicht mit dem Populismus zu verwechseln, der für die Medien geeignet ist).

Der Tod ist ein Dandy. Alle Dandys des Fin de Siècle, Villiers de l'Isle-Adam, Barbey d'Aurevilly, Baudelaire oder Wilde sehnten sich nach einer aristokratischen Überlegenheit und verbanden sich durch eine furchtbare und hysterische Angst vor den Frauen: »Wenn ich Gott wäre, würde ich tun, was Neptun für eine Nymphe gemacht hat, ich würde die Frau in einen Mann verwandeln«, schrieb schon Kierkegaard am Ende seines Tagebuch des Verführers.
Romantizismus gleich Narzissmus.

Die Spätromantik schließlich entfaltet sich am Übergang zum Biedermeier, mit ihrem Hang zur Innerlichkeit und dem Rückzug ins Private, in der Zeit nach dem Wiener Kongress (1814/1815) unter Metternich bis zur »Revolution« von 1848, als Europa neu geordnet wurde. Dies ging einher mit der Errichtung eines Polizei- und Spitzelstaates mitsamt Pressezensur und der Forderung nach Aufrechterhaltung der konservativen Werte Familie, Kirche, Staat.
Aus dieser Rückzugshaltung und den politischen und gesellschaftlichen Verhältnissen jener Epoche heraus ergibt sich eine romantische Entpolitisierung, die, wie wir wissen, nie unpolitisch ist.
Bei anderen Romantikern herrschte gar eine offene antiliberale, erzreaktionäre Haltung, die zur »Deutschen Tischgesellschaft« führt. 1811 in Berlin von Achim von Arnim und dem Staatstheoretiker Adam Heinrich Müller gegründet, bestand sie bis 1834. Voraussetzung für die Aufnahme war, dass man männlich und

Der Kommunitarismus und seine moralisch-religiöse Einordnung, die einander abstoßenden Weltanschauungen.

Die Unterwerfung vor der Heuchelei – eher spezifisch deutsch, die bisherige absolute Hingabe an die US-Propaganda – das ist die Schuld des Kalten Krieges, welcher die deutschen Familien vor der »Entnazifizierung« geschützt hat.
Zwei erfreuliche Beispiele:
Das »Punk-Gebet« von Pussy Riot, zum ersten Mal in der First Protestant Church of New Braunfels, Texas oder auch in Notre-Dame (in Paris würden sie aber dafür nicht gelyncht).
Die kolonialistische und nationalistische Romantik des Regisseurs Werner Herzog – von *Aguirre, der Zorn Gottes* mit dem Verbrecher Klaus Kinski bis zu *Königin der Wüste* mit der beschämenden Nicole Kidman – bleibt das beste Muster der unerträglichen Suche nach Paternalismus und seiner Merchandising-Produkte.

Das Leid in der Liebe: sich dualen Gefühlen zuordnen bis zum Teufelskreis; Romantik ist weiter die Idealisierung des Leidens.

Romantisch sein, und die untergeordneten Stellungen annehmen bis zur Groteske.

Nach wie vor ist das, was wir als *westliche romantische Ideologie* erkennen, mit dem verlogenen Einheitsdenken über die Freiheit gekoppelt.
Dies wird durch die Akzeptanz der sozialen Ungleichheiten als normaler Zustand ermöglicht, wie die Bevölkerung Günther Oettinger und Angela Merkel und Jean-Claude Juncker als Helden unseres romantischen Europas akzeptiert, obwohl autosuizidäre Profite nur ein Land hat, und das ist das merkantilistische Deutschland, sicherlich nicht Europa.

Die Verblendung durch Romantisierung und Mythos hat Europa schon zersetzt. Vor Jahren schon durch deutsche Raubtaten, »an der Wiege der europäischen Demokratie«, wie der Bundesaußenminister a.D. Steinmeier auf Dienstreise in Athen sagte, als er vom Erfolg der Grünen bei der Präsidentschaftswahl in Österreich erfuhr.

Romantik ist ordoliberal wie Europa, das nun selbst zu einem romantischen Begriff geworden ist.

Dieses Einheitsdenken verbietet uns, überall zu *suchen* und zu benennen, ohne dass wir für etwas anderes bewertet werden. Dieses romantische Denken verbietet uns, frei zu sein, frei zu denken.

Wir leben in widersprüchlichen Zeiten.

Das kann zynisch sein, muss es aber nicht unbedingt.
Manchmal ist es nur Arroganz.

Gibt es Romantischeres als den Krieg, außer Geld?
Vielleicht der Glaube, Ruhr sei weniger schlimm als Typhus.

Romantisch sein wie Sylvie Kauffmann, und schreiben, dass wir jetzt das Ende einer Epoche erleben, die das Ende der »hegemonialen, gnädigen« Rolle der USA seit dem 2. Weltkrieg besiegelt, und dass Washington »das Leadership der Freien Welt« ausgeübt hat, dass »die besondere Internationale Verantwortung« der USA durch ihre Macht und deren »Verbundenheit zur Verbreitung der Demokratie« ein unbestrittener Fakt war.[5]

Wer zweifelt noch, dass die USA ein perverser Totalitarismus sind?
Wer nicht weiß, dass die Chefredakteurin von *Le Monde* mit George Soros zusammenarbeitet, dem Gründer der Open Society Foundations, der zum Krieg in Europa aufruft[6], und zur Remilitarisierung Deutscheuropas im Hinsicht auf den nächsten Krieg gegen Russland, und der wahrscheinlich nicht mitbekommen hat, nach acht Jahren von Barack Obama geführten Kriegen, dass diese sauberen Operationen, die nur genau auf ihre Opfer zielen, nie die Bevölkerungen schützen.

Eine der neueren Konsequenzen dieser Politik ist das heutige Paris, Laboratorium des Terrors und des fortschreitenden Mentalitätswandels.

5 In: *Le Monde*, 12.11.2016
6 George Soros, *Europe at war*, für Project Syndicate, 2015

getauft war. Die Mitglieder kamen aus dem Umkreis der preußischen Reformer (Adel und Bürgertum), und zu den bekanntesten Mitgliedern zählten Carl von Clausewitz, Johann Gottlieb Fichte, Clemens Brentano ...

Unbestrittene, von allen geteilte Grundhaltungen waren Antisemitismus, antifranzösischer Nationalismus und Monarchismus. Zu den berühmten sogenannten Tischreden zählten die »Philisterrede« von Clemens Brentano und Achim von Arnims »Über die Kennzeichen des Judentums«.
In dieser Rede greift er die antijüdischen Vorurteile auf, welche jahrhundertelang von den christlichen Kirchen stark verbreitet wurden, und vermengt diese durch eine radikale biologisch-rassistische Terminologie mit einem modernen Antisemitismus.

Heinrich Heine hatte es längst und zu Recht bemerkt, inwiefern Romantik Protofaschismus ist, aber leider musste er nach Paris flüchten. Ach! Hätten ihm die Deutschen doch nur genauer zugehört, dann wäre die dritte Geschichte der Romantik wohl anders verlaufen.
Mit ihm endet diese Epoche der Romantik. Wäre er noch am Leben, würde er nur halb überrascht feststellen, dass Europa in den 2000er Jahren durch die magische Zauberraute zu Deutschland geworden ist.
Heute, glauben wir, befinden wir uns weit weg von all dem. Der Mythos ist schon verwirklicht, die Philosophie hat im Übri-

Unsere romantische Gefallsucht führt uns dahin, wo derjenige schon steht, der glaubt, die amerikanische Gesellschaft sei nicht sexistisch, in einem so frommen Land, wo es keine Sozialversicherung für alle gibt, trotz Obamacare. Wir alle sollten seit 1870 wissen, dass es keine Freiheit ohne soziale Gleichheit gibt, auch nicht in Deutschland, auch nicht in Versailles.

Vielleicht denken wir, Amerika sei nur die Stanford University oder die 1427 East 60th Street in Chicago?
Im Irak gab es auch Intellektuelle, und als wir Kinder waren in Paris, gab es auch hier wesentlich weniger Frauen mit Kopftüchern in den Straßen als heute.

Jetzt gibt es genug Literatur, dank der Digitalisierung haben wir einen *freien* Zugang zu den wichtigen Informationen, und Facebook ist eine furchterregende Waffe, dort können wir über die Zukunft des französischen Lycée in Hamburg diskutieren, alle zusammen:
Tous ensemble pour l'Europe! Alle zusammen für Europa!

Weil eines Tages, *eigentlich schon lange her*, haben Herr Grand, CEO von Airbus (das ohnehin seinen Aktionären aus der Arabischen Halbinsel gehört) und Herr Scholz sich getroffen und den Anschluss gewählt. Dass eine Struktur – wie das Lycée – nicht mehr französisch ist, sondern deutsch-französisch wird einleuchten, aber nicht so sehr als Verlust der französischen Werte: Die Konformität mit einem Plan ist das Erschreckendste. Der Wille Deutschlands, seine Herrschaft weiter auszubauen, ist bekannt, aber viel interessanter ist diese der Gleichförmigkeit bei der Gestaltung Europas und der Welt. Wer dies *jetzt* aus romantischen Gründen nicht mit der globalen Situation in Übereinstimmung bringen und aussprechen kann, hat schon verloren.

Solange die Hegemoniebestrebungen Deutschlands und der USA nicht ausgesprochen wurden; solange weiter behauptet wird, dass die USA und Europa gegen den Krieg sind, kann nichts gegen den Hass und den Krieg formuliert werden, weil wir Hass und Krieg parallel zur Romantik liefern, umhüllt mit einem guten Gewissen und Weihnachtspaketen.

gen mit Heidegger beziehungsweise Bernard-Henri Lévy aufgehört – oder war es mit Theresienstadt?
Heute, bei allen neoliberalen Ökogrünen und der allergefährlichsten AfD, bleibt die Welt romantisch.

Genau das beschäftigt uns: Wie die Deutschromantik die Welt angesteckt hat.

Wir akzeptieren Inder und Frauen nur angepasst, wir akzeptieren reich begüterte islamistische Fanatiker.
Es ist lächerlich zu verbreiten, dass die Wahl von Trump das Ende des neoliberalen Weltsystems bedeutet, wie Menschen aus dem Silicon Valley es propagiert haben, die als gute faschistische Ideologen, die sie sind, nach Unsterblichkeit streben.
Wir wollen uns nicht beschwichtigen lassen durch romantische Parolen.

Wir leben nicht ***in widersprüchlichen Zeiten.***

Wenn Wolfgang Schäuble schreibt:
»Veränderung – keine Selbstaufgabe«,
dann weiß er, dass die Bevölkerung sich schon
dem Algorithmus selbst geopfert hat

Divide et impera:
unsere Welt ist nicht komplex, und wir sind alle gleich.
Wir müssen mit dem Glauben an *die sanfte Form der Macht* brechen. Wir müssen diese harte Form der Romantik abschaffen.
Wir, wir, wir und die Welt: die Worte von Wolfgang Schäuble erfassen die radikalste Form der Romantik. Es umarmt sie ein extremer Zynismus.

Wir wollen fremd sein, wir wollen fremd bleiben.
Wir wollen nicht zur *europäischen Cloud* (Schäuble) gehören.

Fremd sein ist unsere Möglichkeit, es ist der Schutz gegen romantische Lügen, gegen die mittelmäßige Akzeptanz der harten Macht.
Wir sind antiromantisch, wir verwerfen die Zuweisungen, wir sind keine Community.

Keine Zugehörigkeit zu wollen, bedeutet nicht, nicht zusammen sein zu wollen.
Im Gegenteil. Wir wollen uns vermischen und nicht in einer rassistischen ständischen digitalen Welt leben.
Die Utopie und die Dystopie sind romantisch. *Wir verlangen die Verbundenheit mit dem Realen.*

Die Angst vor Vaterlandslosigkeit soll uns den Weg zeigen: aufhören, romantisch zu denken, das Arkanum der Romantisierung entschleiern, ihr Cyberliebhaber, Transhumanisten, Houellebecquiens, transatlantische Proletarier, Nostalgiker der Ostzone, Anhänger von Giorgio Agamben, christliche Mittelschicht.

Das Antiromantische Manifest ist eine poetische Waffe, die nicht in Saudi-Arabien intra muros von Heckler und Koch hergestellt wird.
Eine Front
Gegen die Knechtung und die Manipulation,
Ein Plädoyer für den Sinn des Sinns
Für das Bewusstsein der Realität und seiner freimütigen Konfrontation.

Antiromantisch zu sein, heißt, das Recht zu kritisieren, wie Erri de Luca es tut in *La parola contraria*[7], das Recht zu sabotieren, das Recht zu hassen in einer absterbenden amerikanischen Gesellschaft, in der man liken muss, und die Wörter zu ihrem Recht kommen zu lassen.

Das Antiromantische Manifest stellt verschiedene Textformen zusammen, die unterschiedliche Ansichten der Romantik und auch ihrer Widerspiegelung darstellen (der unermüdliche Kampf gegen die Verblendung).

Wir mussten den Kreis durchbrechen, und das in der ursprünglichen Sprache tun, es tun in der schönen deutschen Sprache. Gott sei Dank gibt es die Wörter, zum Glück gibt es die deutsche Sprache, die Sprache unserer Feinde.

Das Antiromantische Manifest ist das Buch der Liebe,
das Gegenteil der Angst.

7 In *Mein Wort dagegen*, Graf Verlag, Berlin 2015

NATUR UND GEHEUL

Zwischen Mitternacht und ein Uhr, am Ende von Bachzimmern, aber schon im Wald, hunderte Schritte gelaufen, noch nicht tausende, aber komplett dunkel, schwarz sozusagen, nicht ganz Schwarzwald, ganz nah aber, ein anderer Wald, mit Fichten und Tannenbäumen, mit Hügeln und Pfaden, mit Kieseln, Moos, Moos auf den Ästen, Moos auf den Steinen, mit vertrockneten, abgestorbenen Baumstämmen auf dem Boden, die Erde ist nass, manchmal, nicht immer, der deutsche Wald aber, feucht, die deutsche Natur, und immer bereit, weiches Loch, verlorenes Loch der Welt, die unsterbliche und uralte Natur, uhr-alt und unendlich, wie die leuchtenden, strahlenden Spuren der Sonne, spielend durch die Baumwipfel, Sonne gab es aber nicht, und die Spuren, sogar auf dem Weg, waren unsichtbar, die Nacht war totale Finsternis, es war genau zwölf Uhr zwanzig, die Zahl des Tieres, wir trugen Laternen, selbst gebaute, eine Flasche mit einer Kerze drin, wir redeten ziemlich viel, weil die Nacht so dunkel war, weil wir Menschen im deutschen Wald waren, denn wir wussten es, wir hatten es gehört, du hattest es kapiert, ich hatte es verstanden, wir wollten es nicht sagen, es kam aus der Tiefe, die Tiefe war nah und so regelmäßig, vielleicht warst du der Erste, der es ausgedrückt hat, vielleicht musste es auch so sein, weil du in meinen Augen gelesen hattest, dieses Geräusch, da, neben uns, eine Klage, die schrie, was war das, was war das, hast du gefragt, was ist das, habe ich geantwortet, und ein Echo dazu, das nichts mit unserer Beklemmung zu tun hatte, weil wir es nun wussten, ein Geräusch, das sich lauter und immer lauter ausbreitete, in Wellen wiederkehrend, wir hörten zu, wir hörten dir zu, mit deinem weinenden Klang, ein tierischer Ton, der sich auch metallisch anhörte, du wolltest das, du wolltest es sehr, das haben wir zumindest verstanden, o ja,

du wolltest es, dass wir dich wahrnehmen, natürlich warst du real, wirklich standest du in unserer Nähe, du brauchst keine Angst zu haben, wir fürchteten uns, ich sagte, lass uns abhauen, auf unseren Weg zurückkehren, wir starrten uns an, nach einer Pause hast du gesagt, nein, stärker sind wir, ich dachte, stimmt, Menschen sind wir, ich nahm deine Hand, stark warst du, stark war ich auch, vorwärts und geradeaus sind wir wieder gelaufen, und du, du metallisches Tier, du hast unsere Kraft gespürt, und deine Stimme ist rau geworden, das Echo ist verhallt, als ob du weggehen wolltest, einmal nur habe ich mich umgedreht, ich habe dich aber nicht gesehen, ich hatte immer noch Angst, wir marschierten, hast du Angst vor uns gehabt, warst du böse, warst du die Ewigkeit, warst du übermächtig, warst du gut, hast du Mitleid mit uns gehabt, hast du geweint, hast du uns geliebt, mit deinen gewaltigen Sinnen, und uns am Leben gelassen, weil du von uns berührt warst, so dass du erschüttert warst, von unserer Furcht, von unserer menschlichen Furcht, warst du menschlich, oder warst du schwach, warst du schwächer als wir, im Endeffekt, warst du nicht einfach ein Wolf, ein ganz normaler metallischer Wolf, hast du uns so gut gespürt, dass du ganz schnell wusstest, wie dein eigener Tod aussehen wird, das heißt, wie du von uns zerquetscht wirst, in kleine Stücke zerschnitten, von uns, mit dem Glas der Flaschen der selbst gebauten Laternen, und egal, ob wir danach Blut an unseren Händen haben würden.

TOLERANZ

Ihr liebt Simone de Beauvoir und Claude Cahun
Suff und Situationismus
Gender und Gentrification
ihr seid die Wilden in Berlin, Paris oder London
in Amerika ist dies längst nicht mehr möglich,
aber ihr redet immer noch lächelnd über New York
über Los Angeles

Fakt ist,
dass ihr eine Mischung seid aus Eva Braun, Judith Butler
und Yoko Ono
mit euren Tagen des Anderssein-Wollens
in euren freien Ghettos
ihr merkt es nicht
eure Referenzen,
eure Wiederholungen,
eure Kreistänze heutzutage

Ihr habt Angst vor allem
vor den anderen Frauen

vor allem
vor dem Hass auf euch selbst
schade für euch
schade für die Männer

Angst
vor der Zerstörung
so wie eure Großväter, die es getan haben,
so wie eure Großmütter, die Stripperinnen,
aber nicht der Seelen ihrer eigenen Mütter

vor allem aber
vor dem Humor
weil ihr keinen habt
weil ihr frigide Christen seid
oder weitsichtige Künstlerinnen

ihr verwechselt
Wut mit Selbsthass

Buddhismus mit Salon

So wie ihr an die Ehrlichkeit der NGOs glaubt
glaubt ihr nicht an Alice Schwarzer
glaubt ihr an die Verbindung zwischen Sexualität und Feminismus
im Jahr 2012 in den Europäischen Metropolen

ihr habt wieder die Mauer errichtet
schaut euch eure Style-Lesben an
eure Phantasien
obwohl ihr euch nie trauen würdet
und für gewöhnlichen Sex braucht ihr Erklärungen

die Erklärungen von Guy Debord und Charlotte Roche,
die Feuchtgebiete des Spektakels
die überholte Gesellschaftskritik läuft immer gut rein,
nur dass Mademoiselle Roche ihre Tochter nach dem Modell ihrer Mutter erzieht
und Debord unser aller Vater ist,
der seinen Frauen auf der Tasche gelegen hat

Ihr seid nicht fähig Politik zu machen
dafür habt ihr die Grünen
und denkt, dass Politik nicht mit Kommunikationsdesign und PR verbunden ist
sonst würdet ihr diese Partei nicht ernst nehmen

Ihr wollt Natur, Reinheit und Protofaschismus
und denkt, dass das Leben nicht schwarz und nicht weiß ist
deine Stelle hast du aber nur bekommen, weil du mit den Professoren befreundet bist
und ohne Kaiserschnitt wärst du schon längst gestorben

Ihr habt Angst vor Solidarität
weil ihr sie nicht wollt
ihr wollt nur die Macht
als Ersatz für Liebe und Sex, den ihr nicht habt

Ihr seid Streberinnen

heimlich wollt ihr Huren sein
manchmal –

wenn ihr keine Mütter seid
so seid ihr dennoch keine Jungfrauen

Mainstream und konservativ
seid ihr
wie Sofia Coppola
vergewaltigt von ihrem Vater

Ihr macht Ausstellungen, die ihr »Elles«, also »Sie« nennt
im Centre Georges Pompidou
und zitiert parallel Foucault

ihr versteht eure Referenzen nicht
und träumt von modernistischen Heldinnen
die nichts zu zeigen haben
außer ihren nationalistischen Komplexen
und den Gesichtern ihrer abwesenden Väter

Ihr habt vergessen,
dass Männer homosexuell sind
wie Marguerite Duras gesagt hat

und ihr habt Angst davor
euch zu lieben

obwohl ihr so viel akzeptiert
ihr seid die Heldinnen der Toleranz

Ihr akzeptiert Leute wie Christoph Schlingensief, der sich in Burkina Faso für eine alternative NGO hält,

ROC

WAGNER·SCHLINGENSIEF·AFRIKA

und Benzin auf die Tische der Touristen gießt, wie eine von den Tausenden kleiner schwarzer Mädchen, um die Fliegen zu vertreiben,
egal wie es ihnen auch gehen mag

Ihr nennt das Theater, wie die Eliten und die Touristen –
was dasselbe ist
und ihr seid im Endeffekt nur Fliegen
der Preis ist posthum an ihn verliehen worden und es wundert niemanden,
weil ihr niemand seid

Ihr wollt die Frauen in Iran befreien,
aber nicht in Saudi-Arabien,
denn sie haben das Öl
das schwarze Gold
dass von der NATO geschützt wird

Ihr werdet wie Yukio Mishima enden
ein Weichei mit Muckis
der sich ein öffentliches Hara Kiri gegönnt hat

und ihr macht immer noch
Yoga

Ihr seid harmlos
und komisch

ihr solltet lernen
anders zu atmen

Was ihr bei Männern, oder Homosexuellen,
oder Transsexuellen toleriert,
würdet ihr nicht bei einer heterosexuellen Frau akzeptieren

solange ihr politisch-korrekt in eurer Blase bleibt,
werdet ihr nie
Gleichberechtigung und Feminismus aussprechen können

Simone de Beauvoir habt ihr nie gelesen
wie wäre es sonst möglich

dass ihr mit dieser adligen Ritze einverstanden seid
ihr möchtet lieber in Ouagadougous Straßen spazieren gehen,

als im Café de Flore zu sitzen
wie hier im Golem oder auf Kampnagel

ja –
wo ist die Grenze

Ihr findet es normal, dass Adlige mit Stolz
den Namen des Vaters tragen
und habt nichts weiter zu sagen
obwohl die Unterwerfung andauert
weil ihr nicht mehr wisst, wie Feminismus beginnt

Angela Davis lebt noch,
ihr toleriert die Polithure Michelle Obama
und die Weltordnungsdiktatur ihres Ehemanns
weil ihr nicht eure poplinken Freunde verletzen wollt

Ihr habt verdrängt, dass sich feministische Fragen zu stellen mit
Ökonomie und Laizität anfängt.

Ihr akzeptiert die adlige Haltung
und staunt über das Getue der Dandys
weil ihr im Grunde gerne gleichzeitig
die Schlossherrin spielen würdet,
und unsere Gesellschaft ins Zweifeln bringen möchtet

Ihr wisst nicht,
wo und wer eure Feinde sind

ihr seid traurig

ihr seid die Mehrheit

und

ihr seid peinlich

DIE SPRACHE MEINER FREUNDE

I

Ich brauche neue Freunde
die heimelig neben mir sitzen
im 4-Augen-Gespräch
mit übergeschlagenen Beinen und aufliegenden Armen
auf dem Canapé

ich brauche kein Bild
ich brauche
nur
dieses Licht der Zukunft
in diesem neuen Raum

mit meinen Freunden von morgen
ich brauche eure Worte
keinen Alkohol
aber
eine neue Sprache
die ich verstehen muss

so dass ich mehr wissen kann
die Sprache meiner Freunde
die der Nahrung und
der Langeweile.

ANTIROMANTISCHES MANIFEST

Teil I

Wir haben den Slogan von Femen gelesen:

Our God is woman, our mission is protest, our weapons are our bare breasts

Wir haben die Aktion von Femen in Berlin am 19. Juni 2013 gesehen, und wir haben den offiziellen Aufruf von Femen mitbekommen:

FEMEN appeal to the leader of world democracy the president of USA Barack Obama about the violation of human rights in the Middle East and ask to contribute to the release of Tunisian prisoners of FEMEN. Obama helps FEMEN!

Wir haben die Briefe aus dem Gefängnis von Nadeschda Tolokonnikowa und Maria Alechina von Pussy Riot gelesen und wir bestätigen: Sich auf Gott zu berufen, auf das Alte und Neue Testament und auf die christliche Welt, als Nachweis irgendwelcher Werte, bedeutet, dem Paternalismus anzuhängen.

Wir haben auch gelesen, dass sie niemandem Böses antun wollen, und wie sie sich als Märtyrerinnen beschreiben, während Amnesty International und deren Executive Chief Suzanne Nossel auf ihrer wirkmächtigen Website Geld sammeln.

Wir wissen, dass Amnesty International Teil der Obama-Administration ist.
Wir wissen, dass Religionen die Menschen ausbeuten und klassifizieren.
Wir wissen, wie der weiße Barack Hussein Obama die Atommacht durch die modernste Drohnenmacht ersetzt.

Wie er durch Kommunikation und den Friedensnobelpreis die Welt retten will.

FEMEN's Topless Portrait Wins the World Press Photo 2012

Was bedeutet es, sich Blumenkränze auf den Kopf zu setzen, sich an Jesus zu wenden, den Kitsch Osteuropas zu zeigen, weibliche Klischees zu transportieren, Obama um Hilfe und Unterstützung anzurufen und mit nackten Brüsten zu piepsen?

Wir versuchen, die verschiedenen paternalistisch-untergründigen Erscheinungen zu entschleiern und ihre Formen zu bekämpfen.

Die Ikonen müssen wir zerschmettern.

Weil wir keine netten Spektakel mehr sehen wollen, sind wir ebenfalls gegen die Bewunderung oder Verehrung von Menschen oder Figuren, die uns verblenden.

Wir wollen die Instrumentalisierung aufkündigen.

Wir sind gegen NGOs.

Wir erwarten, dass Femen und Pussy Riot Aktionen in den USA machen, *in the paradise of democracy and God's own country*.

Wir erkennen die Verbindung zwischen Pater-Nationalismus und Romantik.

Wir haben deren Folgen schon im 20. Jahrhundert erlebt und erlitten, und der Anblick von ukrainischen Nationalfahnen auf den Tassen von Femen lässt uns nicht lachen.

Wir wollen nicht hören, dass die Romantik nicht die dandyeske Hipster-Gestalt eines braven Konservatismus sei.
Wir würden gerne »rechts« schreiben, aber »rechts« ist inzwischen überall die Richtung.

Wir sind gegen Romantik, genauso wie wir gegen KKK sind.

Wir haben die esoterische Stimme von Marina Abramović gehört, die die Dichotomie Mann = Künstler / Frau = Mutter weiterverbreitet.

Wir erinnern uns, dass in Europa im Mai 1968 immer die Frauen die Parteizentralen und Kommuneküchen geputzt haben.

Wir wissen, dass die Frauen aufstehen, sprechen, antworten und die Organisationen planen.

Wir sind sicher, dass dies das Wichtigste bleibt:
Die Frauen sollen *glauben*, und dann denken,
dass die Entscheidungen von ihnen selbst getroffen werden.

Genau so wie Nordafrika oder der Nahe Osten mit ihren Grünen Revolutionen.
Genau so wie die USA und Europa den Islamischen Staat ausgerüstet und ausgebildet haben.

Denken lassen, dass die Entscheidungen und die Aktionen aus den Bevölkerungen selbst kommen.

Glauben, dass es von den Frauen für die Frauen kommt dank der Neuen Technologie. Obwohl es von mächtigen Männern kommt.

Wir täuschen uns nicht:
Wir prophezeien, dass die Männer die Künstler bleiben werden:
Die Männer schreiben die Geschichte und werden von den Frauen geschützt.
Die Frauen auch, wenn sie fotografieren oder an Wandteppichen arbeiten.
Wenn sie über sich selbst reden.

Wir nennen es Kinder Küche Kirche, die noch immer präsente Ideologie, unter der die deutschen Frauen leben – die Frauenfrage.

Sich rechtfertigen
Schuldgefühle haben
Wählen müssen – außer in der Arbeiterklasse – zwischen Beruf und Kindern
Rundfunkbeitrag zahlen müssen
Rabenmütter sein
Protestantische Lesben tolerieren
Die Söhne weiter schlecht erziehen
Korrektheit und deutsche Innerlichkeit

Es gibt keinen Unterschied zwischen Männern und Frauen, außer dem, dass die Männer eigentlich nicht gebären können.

Feminismus bedeutet: die Egalität zwischen Männern und Frauen zu verwirklichen und den Kampf gegen den Essentialismus weiterzuführen.

2013

BORN IN THE USA

Teil II

»Die Hoffnung der Sklaven ist die Macht der Herren«
B. Traven

Wenn Mann das Glück oder den Willen hat, fremd zu sein, um die Fußballindustrie als Feind zu betrachten; wenn Mann längst Femen und Pussy Riot als instrumentalisierte US-Schlampen gesehen hat (bevor es bewiesen wurde), die von nationalistischen Schattenmännern, *hommes de l'ombre,* bezahlt wurden, um die geistig zurückgebliebenen europäischen Frauen zu täuschen, dann soll Mann auch hier aufpassen. Im frauenfeindlichsten und antifeministischsten Land Europas: Deutschland.

Der Schoß, aus dem diese Romantik, die wiederauferstandene Totale Demokratie kroch, inmitten des korrektesten und unterwürfigsten Volkes der Welt, ist fruchtbar noch.

Zur deutschen Moral

Die Söhne Deutschlands sind endlich wieder stolz.
Sie dürfen es sein.
Sie sind die Meister Europas, bald der Welt.
Sie haben es geschafft, HEIMlich, die anderen Bevölkerungen in die Knie zu zwingen.
»Es gibt ein neues Deutschland«, sagt der ehemalige Pastor Joachim Gauck in Oradour-sur-Glane vor den leichtgläubigen und bescheuerten Franzosen.

Es gibt kein neues Deutschland,
Es gibt eine andere Epoche, und wir sind die Produkte unserer Eltern.

Die Töchter Deutschlands, das sind die Mütter.
Die protestantische Kanzlerin ohne Kinder, die Verteidigungsministerin Mutter von sieben Kindern;
wir wissen, wie sehr die Ausnahme die Regel bestätigt.
Die Regel ist: Die Frauen gebären 1,42 Kinder.

Wir haben geglaubt, dass Deutschland ein offenes Land wäre für eine bestimmte Form von Feminismus; zuerst einmal, weil eine Frau locker auf der Straße spazieren kann.

Wir verwechselten *Deutsche Innerlichkeit*, die die Privatsphäre betont (das Haus und darüber hinaus *die Heimat*), *Recht und Ordnung* (die die Ordnung der Dinge und ihrer Normen garantieren), und die Wichtigkeit des *Biedermeier*-Geistes, mit dem Respekt für Frauen.

Dann verwechselten wir die germanischen Hippies mit ihrem Hang zur *Lebensreform* mit der Suche nach Gleichberechtigung.

Glücklicherweise hat uns die zeitgleiche Erfahrung der Mutterschaft in Frankreich und Deutschland eines Besseren belehrt.

Die Beschützer einer deutschen Natur sind nachweislich Essentialisten und Protofaschisten, so auch die esoterischen und anthroposophischen Gurus.

Mann darf die Realität unterschätzen oder diese kulturelle Auswahl als Detail ansehen:
Mann bringt den Frauen bei, dass es normal ist, bei der Entbindung zu leiden, und dass dies besser für das Kind sei. Mann setzt die Frauen psychisch unter Druck, damit sie stillen.

In einer wohlhabenden Familie ist es undenkbar, dass Mann sein Baby in die Krippe gibt, bevor es laufen gelernt hat. Die Mutter muss sich um ihr Kind kümmern, bis es drei Jahre alt ist.

Wenn das Kind einige Stunden in der Woche morgens beaufsichtigt wird, dann wird dies als gut angesehen, damit sich die Frau auch um sich selbst kümmern kann.

Falls beide Elternteile mit einem Kleinkind berufstätig sein müssen, dann sind sie arm. Für sie haben die Krippen bis spätnachmittags geöffnet.
Deutschland ist das Land, das Armut der Arbeitslosigkeit vorzieht und wo die Frauen ihren Körper an die deutsche Gesellschaft hergeben, sobald sie schwanger sind.

Es ist schlimmer als *La maman et la putain (Die Mutter und die Hure)*, nicht nur wegen der Heuchelei. Der Status der Frau verwandelt sich als Mutter, und alles wird ihr untersagt.
Seid stolz, Mütter der Nation – die sich endlich wieder gefunden hat!

Die konservative Rollenverteilung ist von der Mehrzahl der deutschen Paare gewollt, viel mehr noch als in den 1990er Jahren.
Es ist nicht Angela Merkel, die das Gegenteil wollte: Deutschland ist eine Macht der spezialisierten Männer, während die Frauen sich dem Haushalt widmen. Der Unterschied in der Bezahlung zwischen Frauen und Männern macht 23 % aus, die größte Differenz in Europa nach Estland.[8]

Unter den industrialisierten Ländern der Welt gibt es in den Vereinigten Arabischen Emiraten anteilig mehr Frauen auf hohen Posten als in Deutschland, welches auf dem letzten Platz ist.

8 http://ec.europa.eu/justice/gender-equality/files/gender_pay_gap/140319 gpg_fr.pdf

ANOTHER NGO

Zu den Ausnahmen: Bei Airbus Hamburg gibt es in den Schlüsselpositionen nur zwei Ingenieurinnen. Das Büro der Nummer zwei nach dem »Head of engineering« ist behängt mit Prinzessinnen-Zeichnungen ihrer Kinder.
Diese Frau, die um die Anerkennung ihrer Intelligenz kämpft, muss sich ständig rechtfertigen. Sie hat die Karriere und die Kinder.

Die Frauenfrage in Deutschland ist gewaltig.
Aber Mann hat keine Zeit zu verlieren, um, wie in Frankreich, eine leidenschaftlich geführte Debatte über die Genderproblematik zu führen.
Die Gender-Theorie ist definitiv beerdigt worden mit der Anklage von Alice Schwarzer wegen Steuerhinterziehung.

Es gilt: Blau für die Jungs, Rosa für die Mädchen und Neutral für die Hermaphroditen.

In Deutschland muss klar sein,
dass eine freie Frau antiromantisch ist.

2014

DIE SPRACHE MEINER FREUNDE

II

Mikaël Korngold war ein Freund von mir. Er wohnte am Boulevard Magenta und ich Rue du Faubourg St. Martin. Diese beiden Straßen verlaufen parallel. Wir hatten entdeckt, Mikaël und ich, dass unsere jeweiligen Badezimmer aneinanderstießen. Dann haben wir uns entschlossen, am Abend während der Badezeit zu diskutieren. Wir wussten, wenn wir unter dem Wasser redeten, würden wir zusammen sprechen. Und uns deutlich verstehen. Wegen des Gewichts der Flüssigkeit. Physikalisches Gesetz. Man musste davor nur tief Luft holen und den Kopf unter Wasser behalten. Dann einfach unsere Münder sich bewegen lassen. Wörter formulieren. Einfach sprechen. Nicht ertrinken. Und nun war der Abend dafür gekommen. Um achtzehn Uhr dreizehn sollte es losgehen. Jetzt, mit der Analyse meiner Lebenserfahrung, sehe ich dies alles in einem anderen Licht. Dem Licht des Nacktseins. Aber zu dieser Zeit war es mir egal, nackt neben ihm in der Badewanne zu liegen. Damals war ich unschuldig. Mikaël Korngold auch. Wir waren zwei kleine unschuldige Juden. Die unter Wasser versuchten, miteinander zu sprechen. Ich glaube, ich war die Erste, die anfing, Wörter zu wechseln. Oder war er es, der angefangen hat zu kommunizieren? Wir standen in Verbindung. Das Wasser ist aber schnell kalt geworden.
Wir haben uns nie gehört.

DAS GELOBTE LAND

Das Café Moustache ist ein Café neben der Gare de l'Est in Paris. Es ist eigentlich eine Nachtbar, die bis fünf Uhr morgens geöffnet ist, manchmal länger. Sie ist ganz klein, es gibt nur Hocker an der Theke und keine Tische oder Stühle. Das Licht ist dort immer gedämpft, für das Wohlbefinden der Gäste. Die Bedienung ist höflich und aufmerksam, ohne dass man das Gefühl kriegt, die Privatsphäre könnte gestört sein. Man fühlt sich wohl an diesem Ort, es ist dort angenehm, man fühlt sich nicht beobachtet, man fühlt sich akzeptiert, man fühlt sich selbst, man kann also man selbst sein, es ist warm. In diesem Moment, da ich diese Zeilen schreibe, daran denkend, möchte ich alles hinschmeißen und anfangen zu weinen. Ich bin eine Behinderte der Gefühle, aber manchmal ist alles so hart, dass selbst die Elbe meine maßlosen Tränen nicht aufnehmen könnte, bis hin zum Meer. Bis hin zum Meer, oh Solveig, ich würde dich so gern bis dahin begleiten, bis zum Meer, um mich zu versichern, dass du gut angekommen bist, geschützt von den Hunden des Waldes mit ihren gefletschten Zähnen, bis dahin, liebe Solveig, wo der Weg schmaler und schmaler wird, ohne die Hunde ist dies quasi unmöglich, wir wissen es beide, all das wussten wir schon, als wir uns zum ersten Mal gesehen haben, hat doch der Blitz den Himmel zersplittert, das war aber *der Himmel über Paris*, nur daran denke ich, ich bin davon besessen, dass du den Weg gut genommen hast, den Weg, weißt du, nicht einen von diesen furchtbaren Holzwegen, sondern den richtigen, der erleuchtet ist, mit den Hunden, die dir die Flugstrecke zeigen. Dann, Solveig, hoffe ich nur, dass du keine Umwege machen musst, damit die Materialität deiner Seele dich direkt übersetzt. Bis hin zum Meer. Bis zum Toten Meer.

Bis zum Toten Meer in Israel. Dort wirst du in Sicherheit sein. Ich will nur eines: Ich will nur, dass du dich sicher fühlst. Dass du ein bisschen Wärme bekommst.

Bis ans Ende der Welt hätte ich dich begleiten wollen. Aber nicht nur: auch bis ans Ende der Zeit. Mit meinem Rollstuhl ist es leider für mich manchmal schwierig, durch die Welt zu reisen, wann immer ich will. Den abnehmenden Mond anschauend erinnerte ich mich genau, wie ich so gern mit dir, an deiner Seite, alle Berge erklimmen wollte. Solveig, du warst so schön. Im dunklen Raum des Kinos hatte ich das noch nie erlebt, ich habe mich fast sofort verliebt. Deine wunderschönen blonden, gekräuselten Haare. Dein schlanker, geschmeidiger und fester Körper, deine raue Stimme, deine lebendigen Augen, aber trotzdem immer mit etwas Ängstlichem drin. Etwas Unbeschreibliches. So wie Bruno Ganz oder Peter Falk hätte ich fast gedacht, dass Liebe existieren kann. Dank dir, Solveig. Du hast es verkörpert, und du hast mir gezeigt, so wie all den Engeln im Film, dass Liebe einen Halbgott in einen richtigen Mann verwandeln kann, dass Liebe selbst die Welt verbessern kann. Erst viel später musste ich feststellen, dass es wahr ist, aber dass es nicht lang andauert.

Vier Jahre danach bin ich nochmal von dir ergriffen worden, zusammen mit deiner Besessenheit nach Liebe, diesmal war es William Hurt. Der leider nur Augen für seine Mutter hatte, Jeanne Moreau. Er hat die ganze Welt durchwühlt, um ein Mittel zu finden, mit dem er seiner Mutter das Augenlicht zurückgeben könnte.

Du warst immer dabei, du schöne Blinde.

Im Café Moustache kann man nicht blind sein. Gleißende Männer Leder Moustache. Zu dieser Zeit hatten wir unsere erste Begegnung.

Dies ist kein Zufall. Ich bin so ungefähr zwischen zwei Uhr dreißig und drei Uhr dreiundzwanzig angekommen. Mit zwei Männern zusammen. Warum wir da gelandet sind, weiß ich nicht mehr. Ob wir betrunken waren oder nicht, hat sowieso keine Bedeutung. Als ich die Tür durch Druck meiner linken Hand geöffnet habe, als sie dann ganz geöffnet war und als mein Körper ganz eingetreten war, da sah ich alle die anderen Männer an der Theke herumsitzen und warten. Auf ihr nächstes Bier, ihre nächsten Begegnungen, ihre nächsten Gespräche, ihre nächsten Worte an ihr Gegenüber, dann wahrscheinlich an ihren nächsten Fick. Sie standen alle da, mit ihren glänzenden schwarzen Lederhosen, sie trugen fast alle Oberlippenbart, waren alle ziemlich gut gebaut, behaart und muskulös. Meine zwei Männer begleiteten mich, sie waren schlank und jung und zart, hatten beide sehr feine Gesichtszüge. Männer, alle Männer sind unsere Engel, Solveig.

Nachdem ich instinktiv einen Scanner-Blick durch den Raum getan hatte, sah ich dich plötzlich, obwohl ich dich schon gesehen hatte, durch den Prätext der Leinwand, ein bisschen wie in Woody Allens *The purple rose of Cairo*.

Wir waren das Gegenteil von Blinden, unsere Behinderung stand für unser Bewusstsein und unsere Klarheit.

Am Anfang bin ich bei den beiden Männern geblieben, habe ganz schüchtern neben dir am Tresen stehend mein Bierchen getrunken, aus dem einzigen Grund, dass ich diesen Mechanismus schon kannte, den Mechanismus der Verschränkung der Zeiten. Die herabfallenden Sterne.

Die Zeit der Vorbereitung. Denn wie schon so oft musste es so sein, eine Feuerzunge schwelte in mir, fing an in mir zu brennen, dieser Brand, ich wusste, die Zeit konnte nicht mehr warten.

Eine Liebhaberin hatte mir einmal gesagt, meine einzige seelische Befähigung sei, dass ich die Zeit und den Instinkt vermischen könnte.

Auf magische Art spüre ich manchmal den übelriechenden Atem aus dem Mund meines Großvaters neben meinem Ohr, wenn er mich wecken und warnen will, obwohl ich noch schlafe, unter meiner lauwarmen Bettdecke, dann öffne ich meine Augen und sehe ihn ganz nah, seinen abgemagerten Körper neben meinem liegend, in seinem gestreiften Schlafanzug. Ein paar Stunden danach denke ich immer, ich habe nur geträumt. Aber jedesmal, wenn ich durch das Fenster die neuen wiederaufgerichteten Gebäude der Stadt vor mir ausgebreitet sehe, weiß ich, dass es wirklich war.

Es konnte sein, dass meine Liebste recht hatte. Aber hatte ich vor diesem Moment schon mal existiert?

Ich bin einfach zu dir gegangen. Du saßt da auf einem Hocker, ich hatte dich schon ohne meine Augen beobachtet, du warst sehr besoffen. Ich bin zu dir gegangen, Bewegung für Bewegung, Körper für Körper, habe meinen armseligen Blick auf die gleiche Ebene mit deinem gebracht, und habe etwas mit meinem Mund artikuliert.

Sind Sie wer sie sind, habe ich gefragt. Ja, hast du geantwortet. *Der Himmel über Berlin* hat mich so beeindruckt damals. Ich fand Sie so schön und tief. Sie sind eine Figur, viel mehr als eine Interpretin. Sie hat nur Danke gesagt. Sie hat nicht über die Vergangenheit geredet. Sie war sehr nett zu mir, mit ihrem offenen Gesicht. Wie kann man dieses Geschehnis wiedergeben?

Dire l'événement, est-ce possible? Das Geschehnis auszusprechen, ist es möglich? Das hat Jacques Derrida versucht zu analysieren. In einem Seminar in Montréal, Kanada, 1997.

Das könnte doch ganz gut sein, dass ich dich 1997 getroffen habe, liebe Trapezkünstlerin. Sogar am ersten April 1997.

Der Tag, an dem Jacques Derrida

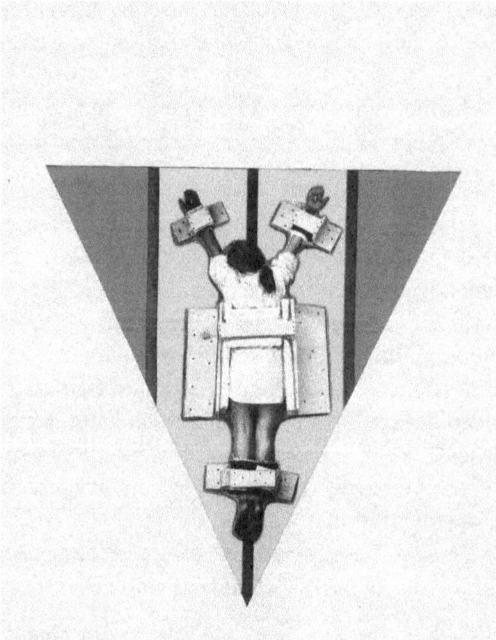

seine Vorlesung gehalten hat. Aber nicht zur gleichen Uhrzeit, natürlich. Ein paar Stunden später habe ich mit dir gesprochen. Im Café Moustache. Sein Seminar endet mit diesen Worten, nachdem er beschrieb, wie es »*eine besondere unmögliche Möglichkeit, das Ereignis zu benennen«,* gibt: »Ich würde akzeptieren, dass man über den Glauben redet, hier.«

Du hattest auch mir den Glauben gegeben, Solveig, mit deinen falschen Flügeln, die auf deinem Rücken klebten.

Was für ein schrecklicher Zufall, auch dort, schlimmer als das dreckige Wasser vom Canal Saint Martin oder des Toten Meeres, furchtbarer als das Gelobte Land, an wen versprochen? Wer kann das schreiben, über dieses dreckige Thema, nur ein Mann, der sich für einen Engel hält, oder Lust darauf haben, etwas über dieses Pseudo-Thema zu schreiben, die Sterne, der Himmel und so weiter, diese Bescheuertheit, der Unterschied zwischen den Geschlechtern, der Unterschied des Unterschieds.

Einmal habe ich einen kritischen Artikel über den Unterschied gelesen, einen philosophischen und phänomenologischen Artikel, von einem Denker geschrieben, der sich für einen Affen hält, aber alle Affen benehmen sich wie Engel. Das ist bekannt.

Wir, wir wussten nicht, wir wussten es nie, wir wollten es wissen, aber wir waren Männer.

Der Artikel nannte sich Der Unterschied als Nicht-Ununterschiedenheit. Aber wir waren sowieso gleichgültig gegenüber der Ununterschiedenheit. Es war uns völlig egal, die Gleichgültigkeit. Weil der Unterschied niemals von uns kam, er kam von den Anderen. Es klingt lustig, aber das war die pure Wahrheit, und leider kann die Wahrheit manchmal wirklich die Wahrheit sein. Wir waren die edlen Wilden. Niemals hätten wir die Idee gehabt, diesen Aphorismus zu postulieren.

Man müsste ein Engel sein, um auf solche Art denken zu können. Um diesen Sinn der Negation zu besitzen. Wir hatten ein Geschlecht. Die Engel wie die Affen haben kein Geschlecht. Das ist bekannt. Wir dachten die Differenz als Unterschied, und die Indifferenz als Gleichgültigkeit. Na und, was würde es ausmachen?

Wenn die anderen unterschiedlich waren, könnten sie sich ins Knie ficken, wenn sie uns gegenüber gleichgültig waren, mussten wir sowieso in unsere Höhle zurückkehren. Wir hätten niemals danach gestrebt, mehr Affe als der Affe zu sein. Jede Philosophie hört mit Deutschland auf. Seit Heidegger und Hegel und Nietzsche. Aber ich bin nur auf der Suche nach Zusammensetzung!

Der Unterschied als Nicht-Ununterschiedenheit, scheiß drauf, ich will nur die Ähnlichkeit, für immer und ewig. Man soll ganz schwach sein, um daran zu glauben, dass diese Anschauung die Menschheit retten kann, oder aufklären kann, da der Mensch einfach nur sprechen will!

Der Unterschied, man sah es jederzeit, und seit unserer Geburt, denn wir begannen, uns daran zu gewöhnen, und um ehrlich zu sein, wir sind indifferent geworden.

Wir wussten nur, dass eine Flasche Wein im Franprix-Supermarkt am Boulevard de Strasbourg mindestens zwei Euro achtzig kostet, wenn man nicht am nächsten Tag krank sein will. Château Migraine. Dort habe ich gewusst, dass es dir sowieso schon egal war, krank oder nicht krank zu sein, meine Solveig. Weil ich dich an diesem eigenartigen Ort zum zweiten Mal getroffen habe.

Ich war im Franprix-Supermarkt, um etwas für eine Party einzukaufen, weil meine kleine Schwester ihren Geburtstag feierte, ich war da mit meinem neuen Liebhaber, der aus Deutschland kam, der so weich und so liebevoll war, wie ich es auf diese Art fast noch nie erlebt hatte. Am Anfang dachte ich, ich sollte diesen Jungen unbedingt ein bisschen wilder und gewalttätiger machen, er ist so nett, das kann nicht gesund sein. Solveig, ich dachte, dies könnte im Leben nicht sein, ich meine, wirklich so ein treuer Mann, wie Michel Houellebecq von Treue besessen war, mit Haustieren und Zärtlichkeit und Zuverlässigkeit und Geduld und Glück und Liebe, ich dachte, das gibt es so nur in seinen Romanen, oder manchmal nur mit dem gleichen Geschlecht. Der Unterschied als Nicht-Ununterschiedenheit. O Solveig, zum ersten Mal in meinem Leben habe ich richtige Luft geatmet, nicht diese verschmutzte Luft in meinen Lungen zu haben, sondern etwas, auch Unbeschreibares, etwas von diesem Zauber der Wälder, ein bisschen so wie du damals, diese Wirkung, sofort und ganz erstaunlich bei mir, trotz all meiner verkommenen und behinderten Seiten, die meinen Körper und meine Seele ganz gereinigt, und die die Einsamkeit vernichtet hat. Vernichten. Sagen wir. So wie nur ein Deutscher es schaffen kann.

Du wusstest es auch, wie sich das anfühlt, das Streicheln von einem Deutschen zu genießen, das kann man nie vergessen. Trotz des Himmels über den Mauern, trotz des Himmels über den Wolken der Erziehung, wie ist es, von einem Gelobten Land zu träumen, wenn ein richtiger Mann mit dir so gut Liebe macht, obwohl deine Großmutter dich immer gewarnt hat vor der Liebe mit den Feinden.

Was ist das? Nur wir wissen es. Es ist die Liebe zum Tod, es ist die einfache Annahme des Lebens, es ist die Wahl der Nicht-Wahl, es ist der Anfang und das Ende, es ist einfach die Sprache.

Die Mauern, die falschen Mauern, die Mauern, die wir uns selbst gebaut haben, um uns vor unseren Nächsten zu schützen, weil wir allein sein wollten, in unserem eigenen Käfig versteckt. Aber jetzt sag ich dir, meine Solveig, mein einziger Wunsch ist, mit diesem Deutschen eingesperrt zu sein.

Romantisch war es weniger, wir sind im Franprix-Supermarkt einkaufen gegangen, in meiner Erinnerung lief in diesem Moment ein Lied von Björk, ein schönes und sentimentales Lied von ihr, eines, das sich im Crescendo steigert, wo sie am Ende ihre Stimme total frei lässt. Wir waren in der Getränkeabteilung, direkt vor den Weinen, mit unseren kleinen französischen Plastikkörben, dann standest du da, du standest da vor mir, in Wirklichkeit, schon wieder. Viel später habe ich erfahren, dass du einige Straßen neben mir wohntest. Wenn ich daran denke, will ich aufhören, mit dem Versuch, mit den Fortschritten, sogar mit dem Nichts möchte ich aufhören. Du standest vor mir, aufrecht, so groß, so schön, so blond mit deinen verrückten Haaren, mit deinem ganzen Körper, Solveig, ich hätte alles hinschmeißen können, wenn du mich darum gebeten hättest, nur ein Wort von dir, und ich hätte der Liebe Adieu gesagt! Warum bin ich lebendig?

Deine Augen, deine Augen in deinem Gesicht, sie waren nicht mehr dieselben, der höchste Punkt, Solveig, ich brauche, bitte, deine Hilfe, ich fühle mich so klein und allein und einsam im Weltall, warum ist das so? Bitte, Solveig, lass mich weinen, akzeptiere es, dass ich an dich denke, so stark, so emotional, so dass ich mir die Unsterblichkeit wünsche, so dass ich dich wieder vor meinen Augen sähe, trotz meiner Blindheit, trotz meiner scheinbaren Gefühlskälte, weil ich behindert bin, lass mich bitte über uns alle weinen, über uns alle, weil wir nur arme Tiere sind und es keinen Unterschied gibt, es gab nie einen Unterschied, das war nur eine Erfindung der Männer, und bitte, Solveig, lass mich sie lieben, sonst bin ich tot, ich bin sowieso schon tot, wenn ich an die Liebe denke, wenn ich an die Zeit denke, wenn ich an euch denke, bitte, Solveig, lass uns nicht denken, lass uns nicht sein, einfach Da-Nicht-Sein.

Lass mich nicht allein. Sie haben alle Angst vor mir, genauso wie ich Angst vor ihnen habe, lass mich nicht einsam mit deiner Philosophie der Toleranz.
Ohne dich hätte ich nie eine fremde Sprache lernen wollen. Das stimmt nicht. Aber bitte, Solveig, bring mir auch die Hunde, komm wieder zu mir, zu uns mit den Hunden drumherum,

in den deutschen Urwäldern, wo wir ab und zu zusammen geredet haben, du und ich. Erinnerst du dich?

All dieser Abfall, um zu sagen, dass ich so aus Zweifeln gemacht bin, als ich dich wieder vor mir gesehen habe, mit deinen verwirrten Augen, mit deinem geschwollenen Gesicht am Schreien im Supermarkt, mit diesem Mann da neben dir stehend, beim Weinflaschen-Kaufen, so wie ich, Solveig, mit unseren Körben, auch mit meinem Mann neben mir, was sind Körbe, was sind Männer, was sind Frauen, was sind Menschen, was sind Begleiter, was sind Lebensgefährten, warum deine Gesten in Richtung der Ewigkeit, warum habe ich es so gespürt, diesen Tod in dir? Ich kenne dich fast nicht, Solveig, warum diese Verbundenheit? Warum dieser Wind und dieser Sturm da, in diesem Moment? Da, als du mehrere Flaschen aus den Regalen genommen und deinem Mann etwas zugerufen hast, ich kriegte so Angst, vielleicht kannst du dich mit mir austauschen, wo immer du bist, jetzt brauche ich wirklich Hilfe, aber du warst da, und ich konnte nicht mehr zu dir kommen und mit dir reden, du warst schon weg, du warst schon viel zu bewusst, du warst schon im Himmel, wir werden alle alt oder nicht, du warst schon im Himmel, mit deinem Mangel, deiner Haut, deinen gefleckten Händen, geschwollen von der mühevollen Arbeit der Hoffnung.

Inzwischen bin ich groß geworden, obwohl ich immer noch in meinem Rollstuhl sitze, und kann jetzt auf alles einen Namen einen Begriff ein Konzept setzen.

Es gibt nur ein Problem: Du warst die Einzige, viel weiter über Berlin, mit Abstand, Solveig, du warst die Einzige, die da war, über dieser verfickten Stadt, die leider immer noch auf einer Karte existiert.

Ich werde an einem Herzinfarkt sterben, wie mein Großvater. Du bist an der Liebe gestorben, Solveig, wie alle Menschen.

Solveig Dommartin
Schauspielerin und Regisseurin

16.05.1961 (Constantine) – 11.01.2007 (Paris)

Wim und Donata Wenders auf dem evangelischen Kirchentag

TAGEBUCH WORPSWEDER FRÜHLING

Nicht für Rainer Maria Rilke, neoklassischer Dichter,
der Benito Mussolini verehrt hat,
und auch nicht für Paula Modersohn-Becker

Worpswede, 12. Mai 2015, 22:40 Uhr

Ich bin in Worpswede, Atelier 4. Ich höre die fliegenden schwarz-braunen Worpsweder Käfer, die über mir zu den Neonröhren fliegen wollen, weil sie glauben, sie haben das Licht gefunden. Wenn es dunkel wird, fängt alles an. Je dunkler es ist, desto schneller und hektischer sind sie. Es tut mir manchmal leid, ich höre das Geräusch der Körper, wenn sie auf das Glas aufschlagen. Es ist kein schönes Geräusch. Sie schlagen so hart gegen die riesige Fensterscheibe, dass sie sterben, genau so wie dein Großvater, der damals einen Zigeuner im Keller versteckt hat, der leider nicht überlebt hat.
Erinnerst du dich? Oder war es der Großvater vom Sänger von Tocotronic?
Ja, das war eher der Großvater von Dirk von Lowtzow. Wie furchtbar, einen aristokratischen Namen zu haben. Ich würde mein ›von‹ beim Amt löschen lassen.
Das mit den Großeltern habe ich in *Spex* gelesen oder vielleicht in *Spuren*. Ich erinnere mich nicht. Eure Väter wissen es besser als ich. Ihr seid nicht allein. Das ist nie geschehen, *Gott sei dank.*

Worpswede, 12. Mai 2015, 23:57 Uhr

Manchmal denke ich, ich mache alles zu kompliziert, weil ich auf Deutsch und auf Französisch schreibe, das macht alles langsamer, nicht nur für die wenigen Leute, die mich lesen. Ich denke an diese Frau von *Call*, Chloe, eine Engländerin, sie ist interessant, weil es sie nicht wirklich interessiert, ob sie verständlich ist oder nicht.
Es ist so bemerkenswert. Viele Deutsche verstehen nur die Hälfte von dem, was sie liest und sagen will, aber es stört

niemanden. Sie würden sich auch nie trauen zu sagen, dass sie nichts verstanden haben.

Sie werden nicht fragen, wenn sie Worte nicht richtig begriffen haben. Nicht nur, weil es auf Englisch ist.
Ist verstehen wichtig?
Ich muss an Martin Heidegger denken. An *Was heißt denken?* An die Franzosen, Sartre, Lacan, die *Dasein* missverstanden haben, die seine Philosophie falsch verstanden haben.

Wir haben 2015, das Nichtverstehen dauert so lange wie das Leben eines Mannes, wie man auf Französisch sagt, *la vie d'un homme*, also circa 93 Jahre (das Leben von Oskar Gröning). Es ist viel und nichts, wenn wir anfangen alt zu werden, merken wir es gleich.
Das gehört zum deutschen Komplex. Sie sind *d'accord*, Englisch zu hören und nicht alles zu verstehen, nur um sich zu schützen, gegen die Schande.
Sie sind genauso merkwürdig wie die Engländerin, die denkt, verständlich zu sein.
Nur die Schande bleibt.
Ich habe auch nichts gesagt. Vor den Anderen.
Niemand versteht den anderen. Es ist besser, es bleibt cooler.
Was ist, wenn man verstanden wird?
Es ist unmöglich.
Ich liebe Claude Lanzmann.
Ich hoffe sehr, dass Claude Lanzmann unseren SS-Nachbarn Gerhard Sommer überleben wird.

Nächste Woche fliege ich nach Paris, ich freue mich, wieder eine Menge Araber zu sehen.
Hier gibt es nur schwarz-braune Käfer und einen Italiener, sehr teuer, der aber im Wirklichkeit ein Araber ist und so tun muss, in Worpswede, als wäre er ein Italiener, der Frankreich mag, wenn ich bei ihm einkaufe.

Worpswede, 13. Mai 2015, 23:55 Uhr

Das Wetter ist sehr stürmisch, viel Wind, es ist kalt.
Ich suchte in der Kunsthalle, in der Großen Kunstschau und im

Barkenhoff Dokumentationen oder Bücher über Worpswede zwischen 1933 und 1945. Über die Künstlerinnen im Dritten Reich.
Ich suchte in allen Büchern, was gesagt wurde über die Künstlerkolonie während dieser zwölf Jahre. Sehr wenig.
Am Abend suchte ich in der Bibliothek von Atelier 1 und plötzlich finde ich es.
Ich bin Tim Voss dankbar, er ist dafür verantwortlich. Ich habe es gefunden. Ich bin sehr glücklich.
Das Buch heißt einfach *Worpswede im Dritten Reich 1933–1945* und ist im Jahr 2011 von einem Mann geschrieben worden, Ferdinand Krogmann.

Vormittags hat mir Claudia vorgeschlagen, später Kaffee in diesem schönen völkischen niederdeutschen Restaurant von Bernhard Hoetger zu trinken. Ich wollte dort Mittag essen oder Abend essen, sie hat aber leider kein Geld dafür.
Da merke ich immer wieder, wie sehr unser kultureller Habitus, unsere kulturelle Erziehung uns prägt – nicht im Sinn von Pierre Bourdieu, sondern in dem der Cultural Studies.
Für gutes Essen und Trinken muss ich ein Budget haben, sonst habe ich immer den Eindruck, ich lebe nicht. In Paris versuchte ich ständig in Restaurants zu sein. Egal, auch wenn man in einer Einzimmerwohnung lebt.
Ich hasse Kaffee und Kuchen. Ich finde es furchtbar. Ganz schlimme Tradition.
Ich liebe ganz lange Mittagessen, Wein trinken, am Tisch langsam essen, reden, die Welt wieder neu erfinden und sie wieder neu machen, *refaire le monde*.
Das war auf jeden Fall nicht in Bernhard Hoetgers Perspektive. Man kann nicht mehrere Welten machen, außer wenn man ein Opportunist ist.
Eugen Thiemann schrieb über ihn: »Hoetger war immer ein Mitläufer und ein Außenseiter zugleich.«
Daniel sagte zu mir, als wir über das Buch leidenschaftlich redeten: Er war ein Mitläufer, der Außenseiter war.
Und wir lachten Tränen. Ich fügte hinzu: Es war nicht alles schlecht!

Ich will mich nicht anpassen.
Ich liebe meine Vorstellung von Genuss.
Ich will keinen Kaffee trinken um drei Uhr nachmittags
und ich will keinen Kuchen essen.
Es gefällt mir nicht. Ich finde es hässlich.

Ich bin gegen Integration.
Ich bin gegen Inklusion.
Ich bin auch stolz darauf, intolerant zu sein.

In meinem Blut fließt der Geist der Diaspora
und das ist das Schönste überhaupt.
Es ist großartig.
Ich liebe es über alles.

Es ist so gut, dies zu wissen. Denn dies ist die Wahrheit.
Ich war auf der Suche, ich habe sie gefunden.

Dafür bin ich bereit zu sterben.

Genau dafür bin ich in das grauenhafteste Land der Welt
gezogen, um meine Freiheit zu spüren.
In Deutschland bin ich frei geworden.

Worpswede, 14. Mai 2015, 16:07 Uhr

In der Nacht habe ich im Internet den Kontakt zu Ferdinand Krogmann gefunden und ihm gleich geschrieben. Habe andere Artikel von ihm gelesen, gute politische Farbe.
Das ganze Buch im Bett sorgfältig durchgeblättert. Er bietet auch alternative Führungen durch Worpswede an. Ich bin aufgeregt und fühle mich nicht alleine.
Gleich am Morgen rufe ich ihn an. Er nimmt ab, wir reden lange.
Treffen am Sonntag um 10:30 Uhr Albert-Reiners-Platz.
Ich vermisse ab und zu meinen deutschen Freund Daniel, er kann sehr schön streicheln und gut kochen. Er ist sehr intelligent. Mit ihm kann man immer über Kunst und Literatur reden. Ich kenne sehr wenige Menschen, die so viel wie er über die deutsche Kultur wissen, und über Weltanschauungsproblematiken.

Habe alle Kunstorte besichtigt, nur den Niedersachsenstein von Bernhard Hoetger habe ich noch nie gesehen. Seit 2007 hat sich nicht so viel verändert im Heimatkunstdorf.
Hannah wird sich freuen, es gibt viele Postkarten und viele Pferde.
Ich freue mich, dass sie gleich kommen.

Worpswede, 15. Mai 2015, 13:43 Uhr

Fiebertraum, Verständnislosigkeit. Tim Voss hat mir diesen giftigen Satz geschrieben, als Antwort auf eine Mail, in der ich ihn gefragt habe, ob er Ferdinand Krogmann kennt:
»Ich kenne den Herrn Krogmann sehr gut. Habe ihn selbst auch mal eingeladen. Seine Arbeit ist sehr hoch zu schätzen für Worpswede. Seine Form der Nazi-/Kein-Nazi-Klassifizierung lehne ich aber ab.«
Hannah war neben mir, als ich laut noch einmal die Mail von Tim lesen musste, mit dem Betreff: Auf dem Weg nach Amsterdam. Sie fragte mich nach ihm, und ich erzählte, dass er in Amsterdam wohnt. Dann: Mama, gibt es Hamster in Amsterdam?

Ich denke die ganze Zeit darüber nach. Ich bin sehr traurig. Ich fühle mich wie eine Verlorene. Das hat mir nie Angst gemacht, aber ich spüre einen unendlichen Schmerz in mir, wie der erste Liebeskummer und noch schlimmer. Erst später wird es mir klar:

Gibt es Nazis in Worpswede? Gibt es Nazis in Tims Familie? War der Vater von Stefan Dillemuth ein Nazi? Und seine Mutter? Was hat die Mutter gemacht?
Du denkst, es ist vorbei, fertig, Schluss damit? Nein, es wartet nur. Überzeugt von sich selbst und aufgerichtet, und es wird dir ins Gesicht springen.
Du weißt, wie berührt ich war, als Stefan Dillemuth mich 2007 am Ende einer Vernissage in Hamburg gefragt hat, unter uns, Aug' in Aug', sag mal, Marie, war es für dich nicht zu hart, so einen Vater wie deinen zu haben?

Worpswede, 17. Mai 2015, 22:02 Uhr

Daniel und ich haben Ferdinand Krogmann getroffen. Geboren 1948. Es ist lange her, dass ich an einem Mann so sehr interessiert war. Ich meine, aus Respekt.
Respekt vor einem Menschen, der kein Popwichser ist, der keine Angst hat, etwas Gerechtes zu sagen.
Dass er sich wiederholt, zu laut spricht, zu alt ist, wie ich schon gehört habe, das ist so was von egal. Wir wissen, dass das Wichtigste bleibt.
Das Treffen fängt an, wo es anfangen muss, Albert-Reiners-Platz. 2007 hat der Worpsweder Gemeinderat beschlossen, dem Parkplatz am ehemaligen Rathaus den Namen Albert-Reiners-Platz zu geben. Der Mann hat sehr viel für die Gemeinde getan und war nicht nur Obertruppführer der SA. Erst mal ist man empört, und dann schluckt man. Man geht weiter. Die Erbsünde.
Ferdinand Krogmann führt uns da hin, wo alles angefangen hat, an die Kreuzung eines Flusses und eines Weges, mitten in einem Moor, da, wo Otto Modersohns »Sommerabend am Moorkanal« entstanden ist. 1896. Mit nackten unschuldigen Frauen darauf.

Der Traum eines Mannes mit komplizierter Sexualität. Oder gar keiner, wie es bei frustrierten Nacktbade-Liebhabern üblich ist. Ich muss hier an Jacques Lanzmann denken, den Bruder von Claude, an sein Buch *Le lama bleu* über seine Kindheit, an die Szene, wo er seinen Penis in die Erde steckt, um sich zu befriedigen.
Ferdinand Krogmann erklärt uns die Beziehungen zwischen Bernhard Hoetger und Ludwig Roselius[9], die Paula Modersohn-Becker für den Kunstmarkt und ihre Einschreibung in die Kunstgeschichte aufgebaut haben. Er gibt mir das Buch *Paula Modersohn-Becker, Der andere Blick* von Kai Artinger, veröffentlicht 2009. Er schenkt mir auch *Landschaft, Licht und Niederdeutscher Mythos*, das sie 2000 zusammen mit Arn Strohmeyer geschrieben haben.

Im Haus am Schluh ist dann etwas Seltsames geschehen. Es war circa 12 Uhr, wir kommen in einen Raum, vor ein Ölgemälde von Otto Modersohn, und Ferdinand redet über Martha Vogeler. Neben uns stehen zwei stämmige, wenn auch unscheinbare Frauen, die mir als Touristinnen erscheinen. Ferdinand sagt: »Martha Vogeler war NSDAP-Mitglied und in der NS-Frauenschaft.«
Wir bleiben noch zwei, drei Minuten, gehen Richtung Ausgang durch einen anderen kleinen Raum; die beiden Frauen sind schon rausgegangen, aber das habe ich zuerst nicht bemerkt. Zwischen zwei Türen kommt plötzlich eine schwarz gekleidete Frau daher, eher chic »à la Deutsch«, also leicht bürgerlich, leicht öko. Sie stürzt auf Ferdinand zu: »Ach, Sie sind das!« Ich bin perplex. Es geht sofort los, sie sagt ihm, er solle nicht einfach herkommen und solche Sachen erzählen, er solle sich vorher anmelden. »Ja, Martha Vogeler war in der NSDAP«, sagt sie, »*wie alle*«, fügt sie noch hinzu.

9 Ludwig Roselius war Gründer der Firma Kaffee Hag, erster Produzent koffeinfreien Kaffees, Lebensreformer, Mäzen. Er verstand sich als Nationalsozialist und war förderndes Mitglied der SS. »Die Wiedererrichtung der Böttcherstraße ist ein Versuch, deutsch zu denken«, hat er 1926 geschrieben.

Sie heißt Berit Müller und ist eine Urenkelin von Martha Vogeler. Sie leitet das Haus. Das alles wusste ich natürlich nicht. Sie ist aggressiv und schroff gleichzeitig. Die Szene hätte ich nie so perfekt träumen können, sozusagen. Die Bestätigung meiner Vorurteile ist realistischer, konkreter als in meinen schlimmsten Wahnvorstellungen. Natürlich hat sie ihn rausgeschmissen.
Als wir draußen waren, unter freiem Himmel, dachte ich, es kann doch nicht wahr sein, nein, die Realität übersteigt, was ich mir nur selten erlaube mir einzubilden.
Zu uns sagte Ferdinand noch: die beiden Frauen haben es gehört und sind an die Kasse gegangen und haben Bescheid gegeben, dass ich das gesagt habe. Wir haben es erst mal nicht kapiert, wovon er redete. Es war aber die einzige Möglichkeit, wie Berit Müller davon erfahren konnte und wie eine Furie in den Raum gestürzt ist.

Noch beim Schreiben, denke ich schon: Darf ich das schreiben?
La liberté d'expression
Mit dir gibt es glücklicherweise keine Selbstzensur.
Ferdinand Krogmann ist »die alte Hexe« von Worpswede.
Man dreht die Sache um, man möchte die freien Menschen exekutieren.
Wenn sie es könnten, würden sie das Buch verbrennen, neben einer schönen alten Scheune auf dem Marktplatz.
Ferdinand Krogmann hatte schon einen Prozess und hat ihn gewonnen. Man lästert nicht über die Leute, auch nicht mit Beweisen. Man verdrängt oder man relativiert.
Man benennt nicht.

Wäre Paula Modersohn eine ›Nazisse‹ geworden, wenn sie nicht schon 1907 gestorben wäre?
Wäre sie so blind und karrieristisch gewesen wie Fritz Mackensen, der »richtige« Nazi, obwohl er eine behinderte Tochter hatte? Ich weiß nicht, warum sie nicht vernichtet wurde, und wann genau sie in ihrer Heil- und Pflegeanstalt gestorben ist, obwohl ich recherchiert habe.

Ich weiß nur, dass ihrem Vater 1953 das Verdienstkreuz der Bundesrepublik Deutschland verliehen wurde.

Am Ende der Führung sind wir auf den Hügel gestiegen, um den Niedersachsenstein von 1922 anzuschauen. Daniel und ich dachten, wie wären auf dem Gelände des Nürnberger Reichsparteitags gelandet. Wir waren sehr beeindruckt von der Monumentalität.
Wir wussten nicht warum, aber wir hatten uns ihn kleiner vorgestellt.
Die Achse Ost-West nach Russland und Frankreich. Der völkische Charakter des Backsteinexpressionismus. Oben eine Art Phönix oder Adler, der dabei ist, seine Schwingen auszubreiten. Der Vogel ist keine Friedenstaube. Darunter ein Mann, der die Arme nach oben streckt und gleichzeitig eine Art Rune, typisch Lebensreformbewegung. Diese posierende Figur wie bei Fidus sagt: »Ich komme wieder«, diesmal mit Waffen-SS (nach Wolfgang Neuss: »Wir schaffen es / ohne Waffen-SS«). »Ihr seid nicht umsonst gestorben«, sagen die kleinen Findlinge mit den Namen der Kriegstoten des Ersten Weltkriegs, die im Halbkreis um das Monument angebracht sind. »Niemand hat grössere Liebe denn die, dass er sein Leben lässet für seine Freunde« ist auf dem Stein eingraviert.
Die Sonne war schwarz, und es hat geregnet. Wir sind wieder in den Mercedes Benz gestiegen.

Worpswede, 17. Mai 2015, 23:01 Uhr

Les co-pines de cheval
(bekanntes Wortspiel der Pariser Intellektuellen aus den 60er Jahren: *Pine de cheval – vulg. Pferdepenis; copines – Freundinnen*)

Was soll ich denn sagen? Ich bin mit *Hara Kiri* aufgewachsen. Wer kennt hier diese geniale Zeitschrift, Vorläufer von *Charlie Hebdo*? Höchstens Roberto Ohrt.
Es ist nicht lustig gemeint, ich schreibe das nicht mit Humor dritten Grades, *au troisième degré d'humour*. Es ist lebens-

wichtig, es ist eine Weltanschauung. Manche sagten *Ich bin Charlie*, aber mit *Hara Kiri* wären sie schon gestorben.
Wie soll ich das sagen? Die Frauen von *Call* sind fast alle Frauen ohne Kinder, aktiv, intelligent, jung und schön. Es gibt jeden Tag Gemüse, prophylaktisch trinken sie warmes Wasser mit Ingwer, coolness, wellness, nicht rauchen, wenig Alkohol und wenn doch, dann nur moderat.
Ich bin jedes Mal erstaunt zu sehen, wie die Künstler und besonders die Frauen aus Nordeuropa erzogen sind. Es ist eine Tatsache, die ich nicht verstehen will.
Ich würde das Leben feiern, schon am Mittag, am Abend auch, essen, saufen, in die Bars gehen, laut reden. Ich würde es wie meine Eltern machen. Wäre ich mit Freunden aus Paris hier, in diesen schönen Ateliers in Worpswede, wir würden Fleisch braten und es genießen, uns betrinken, drinnen rauchen, uns streiten und in die anderen Ateliers schauen, ob es nicht jemanden gibt, mit dem man sich amüsieren kann.

Ich bin verloren in dieser protestantischen Wüste. Ich habe mich verlaufen in diesem lauwarmen Gefilde.

In Frankreich sagen die ›guten‹ Franzosen:
»Wenn man Frankreich nicht mag, Madame, soll man es verlassen!«
Ich lache mich jedesmal tot, wenn ich das höre.
Ich bin bei mir, überall.
Das Problem sind die Einheimischen.

Wenn ich nur an den schönen biodynamischen Garten vor dem Barkenhoff denke, dessen Obst und Gemüse von Frauenhänden gepflückt und jede Woche zu Rudolf Heß in die Berliner Reichskanzlei geschickt wurde.
Zum Glück war Heinrich Vogeler schon nach Russland emigriert.

Worpswede, 23. Mai 2015, 22:39 Uhr

Für unsere Kinder

Ich bin Feministin, weil ich die Ungerechtigkeit nicht toleriere.
Jetzt fängt alles an.
Warum brauche ich manchmal so viel Zeit, um das Wesentliche auszudrücken, das Einfachste?
Weil ihr mich ekelt, eure Perversion, die Sache umzudrehen und ewig so zu tun, als ob es kompliziert ist oder gewesen wäre.

Gespräch mit Tim. Im Atelier 1, nach dem Essen beim Tischabräumen.
Ich sagte zu ihm: Was du mir in deiner Mail geschrieben hast, wegen Ferdinand Krogmann, deine Ablehnung von dieser Klassifizierung über Nazi / kein Nazi … ich habe viel darüber nachgedacht.
Wir reden zusammen, es ist entspannt.

Ich: Nein, Gerechtigkeit muss sein. Ich rede über Gerhard Sommer, 94 Jahre alt, der in Hamburg-Volksdorf in seinem Seniorenheim lebt, obwohl er mehrmals in Italien für Massaker verurteilt wurde.
Ich sage ihm, dass ich das unmöglich finde, dass er die ganze Zeit über von der deutschen Regierung und dem Justizsystem geschützt war und ist.

Tim: Wo gibt es Gerechtigkeit? Hat es das schon mal gegeben?
Fiebertraum. So wurde ich in der Schule und zu Hause nicht erzogen.

Dann bringt Tim die Frage der Schuld auf den Tisch. Ich hatte es nicht erwartet, die Sache mit der Schuld. Vielleicht dachte er, ich rede zwischen den Zeilen darüber? Lustig, kurz danach habe ich verstanden, worauf er hinauswollte. Eine Art Vorwurf, ich sei in alten Schemata gefangen, nämlich moralisch. Tim hat Angst vor der Moral, oder denkt Tim moralisch?
Er sagt: Man solle aufhören. Es gibt andere Wege als zu strafen.

Er nimmt das Beispiel der Kindererziehung.
Ich bin schockiert, ich versuche zu reden und gleichzeitig zu atmen.
Wie kann er Kindererziehung und Erwachsenenkriminalität vergleichen und verwechseln? Und was ist mit der Lebensverantwortung?

Er sagt: Ja, und sie sind auch so alt.

Er bringt plötzlich als Beispiel, *Beispiel, Beispiel, Beispiel*, die wahre Geschichte eines Massakers der holländischen Armee in einer ehemaligen Kolonie. Er weiß nicht mehr, wann und wo, aber es wurde sozusagen einfach verdrängt von den Holländern, und es wurde nicht die ganze Zeit darüber gesprochen, das Leben geht weiter, ohne andauernd das Ding mit der Schuld.
Er sagt noch: Klassifizierungen lehne ich ab.

Tim öffnet sich mir: Weißt du, Marie, einmal am Anfang habe ich einen Anruf vom Präsidenten des Vereins erhalten, und er hat mich gewarnt. Ich würde große Probleme bekommen, wenn ich was mit Ferdinand Krogmann unternehmen würde.
Aber das hat Tim trotzdem gemacht. Er hat Ferdinand Krogmann eingeladen, seinen Vortrag mit Diashow zu präsentieren.

Es ist nicht möglich, in einer Welt zu leben, die die Ungerechtigkeit verleugnet.
Es ist nicht akzeptabel, dass Menschen die Verantwortung der deutschen Bevölkerung verharmlosen oder nivellieren wollen.
Das gehört zusammen.[10]

10 Es ist nicht möglich, dass die Kunsthistorikerin Ulrike Hamm in ihrem Katalogbuch über Fritz Mackensen schreibt: »1945 wurde sein Haus von den Alliierten besetzt, die Familie musste mit einem notdürftigen Quartier vorlieb nehmen. Den 8. April 1946, seinen 80. Geburtstag, habe Mackensen im eigenen Haus feiern können.« Er war Mitglied im ›Stahlhelm‹ und für den völkisch-antisemitischen ›Kampfbund für deutsche Kultur‹ engagiert. Dass auch noch die Journalistin Gudrun Scabell im *Osterholzer Kreisblatt* 2011 schreibt: »Nach 1933 ließ er sich und seine Kunst immer wieder instrumentalisieren«, das ist nicht möglich. Es ist nicht möglich, dass Martin Köttering von der HfbK vor zehn Jahren einfach zwei riesige Soldatenwandgemälde aus dem Dritten Reich übermalen ließ, welche man zuvor in einem Kellergang entdeckt und freigelegt hatte – und dann auch noch mit dem Postskriptum, es sei keine Kunst.

Wer trägt die Verantwortung? Wer hat das Ganze mitgetragen? Das sind die einzig wichtigen Fragen, und sie sind von der Gerechtigkeit untrennbar.
Wie kann sich Tim eine bessere Welt wünschen, für seine Kinder, und gleichzeitig akzeptieren, dass Altnazis weiter in der deutschen Gesellschaft leben? Ist es zu kompliziert?
Die gespielte Unschuld, die Schuld nach Martin Walser usw…
Aber Gott will die deutsche Moral nicht.
Wer hat mitgetanzt? Wer war mutig und hat was gesagt? Wer hat seine Scheißheimat verlassen?

Das ist ein ständiger Kampf gegen die Verdrehung der Geschichte, die die Mitläufer und Täter von der Verantwortung zu befreien versucht, durch die angebliche zwangsbedingte Anpassung an den braunen Zeitgeist, die en vogue ist.
Niemand wurde dazu gezwungen, in die NSDAP einzutreten.

Das mit der Strafe ist lachhaft. Es gab keine Strafe. Wir wissen es. Wie kann man denn erklären, dass heutzutage ein Platz nach Albert Reiners benannt wird?
Er sagt noch: Die Deutschen haben den Krieg verloren. Er sagt, das ist das Ding.
Ja, ich stimme zu, das ist es. Für die Deutschen, die sich tatsächlich nicht vermischt haben, ganz tief innendrin, ganz dunkel, ganz moralisch, sehr religiös, geht es weiter, und es muss perfekt sein, diese Sehnsucht nach Sicherheit, diese Melancholie nach der Lösung. Das Beste wollen für unsere Kinder. Diesmal ohne Waffen-SS.

Ich habe später recherchiert, über dieses Massaker in einer ehemaligen Kolonie der Niederlande. Das ist das Massaker von Rawagede.
Auch immer wieder gerne genommen, die Gleichsetzung von Kolonialismus und Nazismus.
Es ist wieder unmöglich, die Deutschen sind schlimmer als schlimm mit ihrer Geschichtsklitterung, das kann ich dir sagen.

Rassen existieren. Es gibt Menschenrassen. Es gibt die Rasse von Feiglingen, die die kleinen Arrangements mit der Geschichte suchen, sie sind Opportunisten, sie wechseln die

Farbe – weil sie grundsätzlich keine haben – und verdrehen auch die Fakten, *les collabos*. Es gibt die Rasse von Antinazis, sie sind Widerstandskämpfer, weil sie die Angst kannten, sind sie mutig geworden. Es gibt die Rasse der Nazis, die die Welt reinigen und retten wollen, sie sind eifrig und voll homoerotischer Männerkomplexe.

Tim hat also recht wegen der Klassifizierung. Ab jetzt werde ich nur noch über Rassen sprechen.
Klar gibt es Nazis und Nicht-Nazis. Sie waren ja nicht deshalb nicht verantwortlich, weil sie nach dem Krieg von den Amerikanern geschützt worden sind.
Der Unterschied ist wesentlich. Er macht einen Menschen aus.

Das ist die Suche nach der Gerechtigkeit. Sie ist ein umweltverschmutzender Motor.
Es gab kein Missverständnis: Tim redete über Gut und Böse und Schuld.
Ich über Gerechtigkeit und Ungerechtigkeit und das Wichtigste, ihre Unterscheidung.

Es war nicht alles schlecht.

Begegnung mit einer Amerikanerin aus Kalifornien. Shelby wohnt in Atelier 2. Sie schreibt.
Sie schickt mir ihren Text. Sie ist ein offener, sehr angenehmer Mensch. Ich fühle mich wohl neben ihr. Die Parallele muss gezogen werden zu Manon, eine Künstlerin aus Wales, die kalt ist.
Vielleicht weil ich ihr erzählt habe, dass Daniel und ich eine Arbeit gegen Ai Weiwei und Herzog & de Meuron gemacht haben? Wegen des Wortes »gegen« wahrscheinlich?
Dieses »gegen« mögen viele nicht in der Kunstszene.
Ich habe es satt, diese Konsensästhetik.
Wir wissen, dass wir nicht allein sind. Ich bin so glücklich, dass es außergewöhnliche Menschen gibt. Ohne sie hätte ich das Wasser hier vergiftet!
Auf unsere Feinde bei der Monde Diplomatique!

Worpswede, 24. Mai 2015, 22:39 Uhr

Ausflug nach Bremerhaven. Waren im Zoo für die Kinder. Schon wieder sehr interessante Diskussion mit Tim.
Ich saß neben ihm im Auto, er fuhr, einmal schaute ich auf seine Oberlippe, während er redete, und ich stellte mir plötzlich vor, ich würde sie lecken.
Er fragte mich, ob meine Großeltern religiös waren. Warum das denn? Er fragt mich, ob ich denke, dass Marine Le Pen die neue Präsidentin Frankreichs wird. Ich versuche ihm zu erklären, dass es nicht geschehen kann, wenn Angela Merkel es nicht will. Wenn Deutschland es arrangieren kann, um die Macht in Europa zu behalten, dann ja. Ich kann mir sehr gut vorstellen, dass der Front National Frankreich verwaltet, solange die Deutschen es wollen.

Er denkt scheinbar, dass ich paranoid bin. Das finde ich unter uns sehr lustig. Ich sage ihm, erinnerst du dich nicht? Es geht blitzschnell. Das Bett steht schon gemacht da und wartet auf uns und dann geht es unglaublich rasch. Du musst mit deinen Feinden schlafen, um deine Haut zu retten.
Bin ich verständlich?
Deutschland heißt Europa, und wer ihm widerspricht, muss leiden. Griechenland ist heute in alter deutscher Tradition das Exempel: Die finanzielle Sklaverei soll niemals in Frage gestellt werden. Weder von einer linken noch von einer rechten Regierung. Und das Interessanteste wird kommen: Früher hat Deutschland Zwangsarbeiter verschleppt, ganz bald werden die Sklaven von sich aus kommen.

Ich sage ihm noch, ich bin auf der gerechten Seite geboren. Es ist schön. Ich bin frei.

Ich werde ebenso nicht mehr akzeptieren, dass man mir sagt, dass es schwierig ist, Glück gehabt zu haben. Die Situation umzudrehen unter dem Vorwand, dass es psychologisch komplizierter sei, danach jemandem gewachsen zu sein. Die Frauen sind oft schwach gegenüber einem älteren Mann. Ich, ich war blöd. 2007 hätte ich Stefan Dillemuth als Antwort dazu zwingen müssen, Boukha zu trinken.

Am Abend mit Shelby geredet, ich stellte ihr diese für mich oberwichtige Frage, nachdem ich den Satz von ihr las »Paula Modersohn-Becker, a revolutionary woman…« Warum empfindet sie diese Frau als revolutionär? (Ich bin von der Instrumentalisierung, der Umschreibung der Geschichte, wie immer erschüttert. Oder von unser aller Naivität: sie, weil sie daran glaubt, ich, weil ich sie lese.)
Sie nahm sich ernst, antwortet Shelby. Klar, sie wollte alles für ihre Kunst, ihre Malerei machen, das steht auch in den Kunstgeschichtsbüchern und in den touristischen Broschüren der Museen. Das reicht nicht, am Ende des 19. Jahrhunderts, um revolutionär zu sein. Nur weil sie wie andere Frauen karrieristisch war. Das ist sehr gut, wahrscheinlich. Aber auch im Mittelalter haben sich Frauen ernst genommen.
Und Paula Modersohn-Becker war keine emanzipierte Frau. Keine Revolutionärin.
Sie war eher eine intelligente und begabte Frau, die leichtgläubig war und nicht oft genug Liebe gemacht hat. Eine Frau, die die Mutterschaft mit Sexualität verwechselt hat, weil sie zu sehr auf den damaligen Mainstream des patriarchalischen Diskurses gehört hat und daran glauben wollte. Sie war eine Anhängerin Bismarcks, so wie Rainer Maria Rilke ein konservativer Revolutionär war. Sie träumten von einer Welt vor der Französischen Revolution. Man muss die Briefe von Rainer Maria Rilke lesen, die er an die Mailänder Herzogin Gallarati Scotti geschrieben hat, in denen er von Benito Mussolini schwärmt und Lobreden auf den Faschismus hält, als er kein junger Dichter mehr war. Er hat sie auf Französisch geschrieben, und sie wurden erst 1977 ins Deutsche übersetzt.

Es ist extrem wichtig, dies unseren Kindern zu sagen.
Paula Modersohn-Becker war keine Revolutionärin, vielleicht eine gute Malerin, und ein gutes Opfer.

Es gab in dieser Epoche wirkliche revolutionäre Frauen wie Emma Goldman, Rosa Luxemburg oder die Engländerin Emmeline Pankhurst und viele andere Unbekannte, die in ihrem eigenen Leben weniger instrumentalisiert werden wollten.

Die politische Romantik von Ludwig Roselius und dessen Protégés lehne ich ab.
Dieser Versuch, diese völkisch-nationalistische Dimension zu verharmlosen, die Ambivalenz des Werkes auszusparen, oder zu erfinden, dass die Künstlerkolonie in Worpswede den europäischen Gedanken gelebt habe, das alles macht mich unglaublich traurig.
Es ist doch nicht kompliziert.

Die Schuld, der Tod, das Moor.
Der Totenkopf, das Moor, die Schuld.
Die Deutschen werden nicht aufhören, die Welt unschuldig zu zerstören.

Worpswede, 25. Mai 2015, 09:09 Uhr
Pfingstmontag

Erotischer Traum mit Tim. Sehr schön. Sehr sinnlich. Unter einem Portalvorbau (in Paris?), Halbschatten, seine Lippen suchen meine.
Zungen vom Feuer des Schawuot-Festes?

Worpswede, 12. Mai 2015, 22:08 Uhr

Wir hassen das Moor

Auch Gott und den Teufel

Wir hassen die Birken, und wir wissen warum

Wir sind stolz darauf, immer wieder und immer weiter darüber zu arbeiten

Unverdrossen
Es ist die Möglichkeit eines Lebens

Das Leben wollen wir

Wir sprechen aus, dies ist das Leben,
euch niemals in Ruhe zu lassen

Es ist kein Detail, und es ist jenseits jeder Klassifizierung

Wir schauen weiter, über euer Grün und eure Referenzen hinaus

Es ist höchste Zeit zu benennen

Es stimmt nicht, dass es eine Verarbeitung gab oder gibt.

Die Ungerechten denken, dass wir zu spät sind,
Die Gerechten wissen, dass es keine Wiedergutwerdung gibt

Wir sind hier, weil wir keine Versöhnung wollen

Wir sind sicher. Wir sind glücklich. Wir sind viele und wir haben uns vermischt.

Wir hassen das Teufelsmoor, wir hassen euer *köstliches Braun*
es ist kein *Wunderland*
es ist kein *Götterland*
wie die naive Paula Modersohn-Becker geschrieben hat

Wir sind in Worpswede, und wir sind uns einig
es gibt kein schönes Braun
es hat es auch nie gegeben

Daran ist sie gestorben
an ihren eigenen romantischen Parolen

Selber schuld

Wir würden sie gerne wieder ins Leben rufen
für sie ist aber kein Platz im Nirwana vorhanden
Kein Segen im Moor
und sowieso
Der Tod hat nie eine Wiedergutmachung erzeugt

18 Tage, um das alles zu schreiben
bevor du stirbst
wie wir auch gestorben wären
ohne den medizinischen Fortschritt
der uns das Leben gerettet hat

Die Natur ist unsere Lehrerin nicht
und
Wir wollen das Leben ohne euer Christentum und ohne eure Lebensreform

die wieder im Kreis tanzt

Wir verachten es

Wir verachten eure dementen Mütter
eure Väter und Professoren
die in den Tanz zurückkehren

Verachten ist wichtig
Verachten ist wählen

Auswählen können
Auswählen wollen

NIEDERSACHSEN
STEIN

PSYCHOGEOGRAPHIE

Michèle sagte, mich entdeckend, du bist eine heiße, du, ja total, habe ich wahrscheinlich geantwortet während ich ihre titten streichelte, es ist ziemlich interessant, die teilnehmer für die staatsexamen der öffentlichen verwaltungsbeamten zu beobachten, Guy, du hattest normale supérieure versucht aber du hast es nicht geschafft, du warst viel zu intelligent und viel zu kritisch, Guy.

Ein mädchen geht rasch durch die prüfungsaula, in sich zusammengesunken sieht sie komisch aus, die soll gestresst sein, sie beeilt sich ich ich beeilte mich nicht ich nahm mir zeit, mein blick in den augen Michèles, sie hatte ein ziemlich hübsches auge und eine weiche haut, Guy, du hattest es deinem kumpel gesagt sie hat einen wunderschönen körper, denn das, das macht lust ich habe sehr viel lust auf sie, ich sage es das erregt sie, ich küsse sie mit dem ganzen mund schnell aber im selben moment sehr langsam, sie ist ein bisschen gestört weil

wir im gang stehen zwischen einem wohnzimmer und einem schlafzimmer am nachmittag und Guy ist daneben in diesem wohnzimmer am diskutieren mit zwei freunden und Guy ist Michèles boyfriend und ich – sie entdeckte dass ich eine ganz heiße bin dass ich nur an sex und sinnlichkeit denke sie stellt genau da fest dass ich sie küsse und dass ich ihren busen streichle auf ihrer bluse sie spürt es auch gut wie ich ihren kragen weit öffne, um meine hand über ihre nackte haut gleiten zu lassen und ich sehe auch so aus als ob ich das sehr gern mag und dass ich mir meine zeit nehme denn sie kriegt gerade ein bisschen angst vor mir mit Guy nebenan, und wenn er uns entdecken würde, um die ecke des ganges, die tür ist auch nicht geschlossen, wir sind da nur ein paar meter von ihm entfernt, dabei uns gegenseitig zu erregen, ich habe schon lust sie im zimmer zu packen, ich habe sogar bemerkt dass die fensterläden geschlossen waren und dass der raum im dunklen lag das gefiel mir, ich sagte mir ich werde sie auf das schmale bett von Guys kleinem bruder

schmeißen, im dunklen schlafzimmer und es wird noch geiler, ich werde auf ihr sein, mich schlängelnd, während ich ihren wunderschönen körper küsse, ihre junge und weiche haut, ihre geschmeidigen und festen brüste die ich gerade mit meiner hand entdecke, sie hatte wirklich einen schönen runden busen du hattest sie gut ausgewählt, Guy, die Michèle.

Aber ich fühlte sie ein bisschen verklemmt, angespannt, dazu hatte ich davor sehr viel scheiß über dich erzählt, Guy, ich war vielleicht wütend darüber weil du dich schlecht benahmst mit den mädeln mit denen du gefickt hast während jener periode du behandeltest sie schlecht weil es dir völlig egal war Michèle hatte mir erzählt dass du keinen pariser benutzen wolltest und sie fühlte sich dazu gedrängt es zu akzeptieren, noch besser du sagtest, obwohl sie nicht die pille nahm, es ist nicht schlimm, umso besser wenn du schwanger wirst, dann würde es viele kleine Guys überall geben, ich war sehr verwundert über dich und auch von deiner formulierung, in jedem hafen 'ne braut und ich spritze ich spritze und noch viel besser wenn der samen früchte trägt, du warst ein bisschen ein schweinepriester, Guy, und auch ich war eine echte schlampe und ich war dabei deine tussi zu schnappen nachdem ich meine blöden popeligen feministischen theorien abgesondert hatte, ich war dabei sie ins zimmer reinzudrücken, auf das bett deines bruders, um mir eine freude zu machen, sie flachzulegen. Sie gehörte jetzt mir.

Ich hatte dich diskreditiert ich bildete die front der frauen gegen so einen kleinen behämmerten wie dich, der uns am arsch vorbeigeht, aber in wahrheit, was ich wollte, sollte ich es schreiben, das war durch sie mit dir zu schlafen.

Du warst es, den ich sabbernd knetete, du warst es, den ich nun anmachte, du warst es, der mich schön fand und der von mir angezogen war, du warst es, der es sich machen ließ, mit einem gemischten gefühl von staunen und erregung, darüber hinaus warst du es, der weitermachen wollte, nachher. Ich habe aufgehört.

In diesem moment, beim eintritt in das zimmer, ist ein freund von dir und besonders von Michèle zu uns gekommen und hat uns dabei erwischt.

Er hat uns erwischt, da als wir uns gerade gegenseitig abgeschleckt haben. Ich habe ihn gesehen, habe mich zu ihm gedreht, habe ihm in die augen gestarrt und dabei meine finger auf Michèles nippeln lassend, habe ich mein gesicht zu ihm ge-

wendet, sowieso war er scharf er hat mich geküsst, ich dachte dasselbe wie Michèle, man sollte ihn lieber an unserer seite haben deswegen sind wir alle drei ins zimmer eingedrungen. Der junge, an dessen vornamen ich mich überhaupt nicht mehr erinnern konnte, war so geil dass er sich fast direkt ins bett gelegt hat, nachdem wir die tür geschlossen hatten. Er wollte uns wahrscheinlich seine begierde zeigen. Ich ging ein bisschen zu ihm, legte mich auf seinen langen körper, die gespreizten beine auf seinem rumpf, seine haare streichelnd, bis ich daran zog, die folgerung daraus ziehend, dass auch er einen vorteil hatte, andere werkzeuge andere wege, ich fing an seiner wange zu lecken, um den druck zu erhöhen, Michèle, glaube ich war sehr überrascht von meiner initiative ich war auf ihm ich merkte ganz genau wie er schwitzte wie er einen hochbekam wie er selbst seine prügelstange leicht berührte wie er einen hochbekam von der situation internationale situationniste so wie bei dem boyfriend des mädchens das ich verführt habe,
obwohl derselbe auch ein freund von mir sein sollte, direkt nebenan, so als ob nichts gewesen wäre, und als ob wir wie ganz liebe ruhige mädchen in einer ecke der wohnung quatschen, und er, er kam, und ich nahm ihn auch. Michèle wollte ihn nicht küssen, wie gesagt das war ein freund von ihr, mir war alles egal, der mann, sowieso, ist ein freund.

Michèle fühlte sich nicht so wohl, wir waren beide viel zu sehr erregt, er von mir und ich von ihr. Wie schade. Ich hätte es gut gefunden, wenn er uns beobachtet hätte während wir es uns überall reinsteckten, Michèle. Aber er, er machte alles so schnell, entweder wollte er mir gut und schnell einen rein- und rausschieben, oder dass wir uns alle angekleidet aneinander reiben, oder dass ich ihm noch einen blase, meine feinen finger an der wurzel seines fickprügels ruhend und an seiner eichel schlabbernd.

Aber offensichtlich warst du es in den ich eindringen wollte, Guy, und Michèle war nicht mehr drin.

BUNKER

Eine Beschreibung des Abends vom 18. Januar 2010
im Uebel und Gefährlich, Hamburg

Zuerst einmal versuche ich, Cordula zu erreichen, eine deutsche Freundin, deren Großvater Polizeibeamter war, die in der Schlange auf mich wartet. Ich blicke an der Schlange entlang und würde gerne bekannte Gesichter sehen. Es fällt Schnee, und es gibt viel zu viele Leute, mein Unwohlsein wird durch diese Vision noch stärker, doch Paul und Sara rufen mich, sie stehen neben dem Eingang. Ich rede mit ihnen, sie sind sehr aufgeregt. Juden aus Hamburg sind sie, und sie wollen Claude Lanzmann sprechen sehen. Sara hatte mich genau davor gewarnt, sie, die die autonome und linke Szene der Stadt gut kennt. Sie wollte auf keinen Fall etwas mit diesen traditionellen Streitereien zu tun haben, mit solchen Leuten, die es lieben, einander aufs Maul zu hauen. Und auch gewarnt, die Sache nicht aufzublähen, was meistens weder den Juden, noch der konstruktiven Debatte dient.

Es sollte steril werden, so war es auch.

Die Presse, die mehr als einen Monat später *nichts* geschrieben hat. Über die verschiedenen Aktionen, darunter die Demo am 13. Dezember 2009, die vor dem B-Movie stattgefunden hatte, mit genauso vielen Polizisten wie Demonstranten. In diesem Kino konnte *Warum Israel* nicht gezeigt werden, aufgrund einer antiisraelischen und antisemitischen, von Rot-Braunen angeführten Operation.

Und die letzte Aktion, der Höhepunkt, an diesem 18. Januar 2010. Claude Lanzmann selbst nach Hamburg in den Club Uebel und Gefährlich einzuladen, in dieses Hauptquartier der Popkultur, und die passenden Leute dazu.

Da bin ich, ich will es mit meinen eigenen Augen sehen.

Endlich finde ich Cordula am Ende der Schlange, ich führe sie zum Eingang, stelle sie meinen zwei anderen Freunden vor, die sie nicht kannte. Man schwatzt, grüßt Bekannte aus dem Kunstmilieu und stellt fest, dass es sich dabei um junge Leute handelt, die europäisch-modisch angekleidet sind, bürgerliche Intellektuelle überwiegend.

Ich bin nicht mehr in Belleville, Paris. Hier in Hamburg existiert das Generationen- und Völkergemisch selten, es hat es fast nie gegeben.

Einer der Türsteher nimmt ein Mikro und informiert uns, dass es keine Karten mehr gibt. Er fügt noch hinzu: »Kein Eintritt mehr möglich, Sie können nach Hause gehen.«

Das Drama nimmt seinen Lauf, weil wir aber unbedingt die Debatte sehen wollen. Der Film, *Warum Israel*, ist nicht so wichtig, wir kennen alle seinen Inhalt, außer Cordula. Dreißig Minuten vergehen, während Paul und Sara, bitter enttäuscht, versuchen, ihre Beziehungen zu nutzen, um doch reinzukommen. Wir sehen Leute, die im Vorverkauf erworbene Tickets in der Hand haben oder die auf der Gästeliste sind und durch die Tür eintreten. Auch ein alter Bekannter Saras aus dem Schauspielhaus, Ted Gaier, Musiker der Popband Die Goldenen Zitronen. Er sagt zu ihr, er stehe zwar auf der Liste, könne ihr aber nicht helfen.

Wir entscheiden, uns in einer Bar nebenan aufzuwärmen. Wir warten die drei Stunden der Filmvorführung ab, um zu versuchen, danach die Debatte anzuschauen.

In diesem Moment kommt ein Mann herunter, verkleidet in einem Herr-von-Eden-Outfit, eine Hamburger Anzugmarke, die sehr en vogue ist bei den eher jungen Künstlern und Musikern. Wahrscheinlich ein Mitglied des Organisationskomitees, er stellt sich uns vor, um zu sagen, dass niemand mehr für die Diskussion nach der Projektion reindürfe.

Noch in der Raucherecke kommt eine Debatte zwischen uns auf, genauer zwischen Paul und mir, darüber, ob die Deutschen ihre jüdischen Probleme untereinander klären sollen, oder mit den Juden. Seiner Meinung nach sollen sie es allein entwirren. Er hat mehr Erfahrung als ich, besonders auch deshalb, weil er ein Deutscher aus Hamburg ist. Wenn sie immer noch Schwierigkeiten damit haben, sollen sie es allein regeln, das ist doch eine deutsche Frage.

Ich wünsche mir, dass es mehr Juden bei diesen grundlegenden Diskussionen gibt. Das entdiabolisiert die Beziehungen, in dem Sinn: Sie werden realer, weniger phantasmatisch. Noch muss man einen Juden dafür finden, aber nicht den Vorzeigejuden. Die Deutschen kennen keine Juden, sagt Cordula, und sie weiß, wovon sie spricht, sie, die sich in den institutionellen künstlerisch-intellektuellen Kreisen bewegt. Darüber hinaus beschreibt sie mich, seitdem wir Freundinnen sind, auch als Jüdin, das hat sie mir einmal gesagt. Das ist mir im Land meiner Staatsangehörigkeit und meiner Geburt niemals geschehen, obwohl Frankreich viel zu verbergen hat. Halb-Jüdin, habe ich mit einem Lächeln geantwortet, die Schlimmsten, wie Costa-Gavras in seinem Film *Z* sagt.

Dann spricht Sara über die Ansichten bei manchen deutschen Linken, über die manichäischen Diskurse, die immer im Gange sind. Cordula hört neugierig zu, es ist im Künstlerpopmainstreammilieu selten, dass man klar über Politik redet. Und wir kommen auf die erste Frage zurück, werden wir bis 22.30 Uhr warten, um doch zu versuchen, in den WKII-Bunker einzudringen?

Cordula insistiert plötzlich, es sei sicherlich nicht nötig, es zu testen, sie hätten doch strenge Maßnahmen ergriffen, damit niemand mehr zur Debatte reinkommt, und es sei sowieso keine richtige Debatte mehr, also fast keine, um aufrichtig zu sein, denn es sei ganz genau im Programm festgesetzt, dass das Publikum nicht an der Diskussion teilnehmen dürfe. Sara und ich schauen uns an, sprachlos. Damit hätten wir nun doch nicht gerechnet. Naiv?

Tatsächlich dachte ich, dass Lanzmann eine Unterhaltung mit dem Publikum führen würde, moderiert von irgendwelchen bekannten Menschen auf dem Podium.

Aber offenbar handelt es sich um einen Runden Tisch auf einem Podium, den Zuschauern gegenüber. Eine Konversation zwischen Lanzmann, einen Mann namens Hermann Gremliza und Klaus Theweleit; das Ensemble von Max Dax von der Zeitschrift *Spex* moderiert, deren Seiten Lanzmann scheinbar nie aufgeschlagen hat, leider. Denn hätte er das mal getan, dann hätte er diese blöde und falsche Begegnung voraussichtlich boykottiert.

Dass der Regisseur von *Shoah* nach Hamburg kommen wollte, um seinen Film und sein Leben zu verteidigen, ist immerhin stark und mutig.

An diese banalisierende Zeitschrift denkend, glatt und oberflächlich wie die im Niedergang begriffene anglo-amerikanische Kulturindustrie, die Popkultur und einen neoliberalenapolitischen, politisch korrekten Konsens predigend, denke ich, Lanzmann war schlecht beraten, hierher zu kommen.

Paul und Sara entschließen sich, heimzukehren, Cordula und ich gehen in eine andere Bar.

Um 23 Uhr sind wir vor dem Bunker und treffen dort ein homosexuelles Paar, das Händchen hält und sich Worte ins Ohr flüstert.

Ich schleiche mich zu ihnen und frage, ob sie auch Lanzmann sehen wollen.

Ja, und wir nehmen zusammen den Lift, Richtung 4. Stock.

Vor der engen Pendeltür des Clubs empfängt uns ein Türsteher, der eine Militär-Schirmmütze trägt. Ruhig bescheidet er uns, dass er Anweisungen habe, und dass niemand reinkommen werde. Der Raum ist voll, die Diskussion hat gerade angefangen. Das Paar steigt wieder nach unten, wir bleiben, höflich insistierend, während zwei Personen aus der Tür rausgehen. Der Saal leert sich schon, aber das Recht einzutreten haben wir nicht.

Verdrossen nehmen wir wieder den Fahrstuhl, dann unsere Schritte im gefrorenen Schnee.

Möglicherweise dank der beiden Sekt-Aperol meine ich zu Cordula: »Komm, wir gehen wieder hoch!« Denn just habe ich einen schwarz angezogenen Mann gesehen, der wie ein Journalist aussah und an uns vorübergegangen ist, um nach oben zu kommen.

Im Lift starren wir uns an. Ich habe diesen Mann schon mal irgendwo getroffen. Und umgekehrt. Wir fragen den Türsteher wieder, ob wir reinkönnen, er lehnt es ab, und der schwarz gekleidete Mann stellt sich vor uns und zeigt plötzlich seine Pressekarte. Ich habe genau das erwartet, was dann so auch geschieht.

Der Türsteher behauptet, es mache keinen Unterschied und es sei ihm sowieso verboten, uns reinzulassen.

Der Journalist sitzt auf einer Stufe nebenan und checkt was auf seinem iPhone. Vier Personen gehen raus, und Cordula und ich entscheiden, dann eben die Leute auszufragen, da wir ja nicht zum Gespräch durchkommen würden.

Die jungen Menschen langweilen sich, zu warm ist es drin, Lanzmann hält einen Monolog über sein Leben, sie wollten eine Filmbesprechung, die Übersetzung dazu nimmt jedoch viel zu viel Zeit in Anspruch, der Film hatte schon drei Stunden lang gedauert.

Sie verstehen nicht, warum wir nicht reindürfen.

Einer von ihnen reicht uns seine Eintrittskarte und denkt dabei, es würde uns helfen. Er will kein Geld dafür, der Eintritt kostete zehn Euro und es ist ein kommerzieller Erfolg geworden.

Wir versuchen es noch einmal, aber der Hüter, der Wächter, der Portier ist stärker als wir.

Der Journalist steht plötzlich auf und kommt zu mir, ich sage ihm, dass ich ihn schon mal gesehen habe … ja, es ist mir wieder eingefallen … er ist ein Freund von Bashe, von der Salomon-Birnbaum-Gesellschaft für Jiddisch, und sie hatte ihn mir während der Demo vor dem B-Movie vorgestellt, als er gefilmt hat.

Er erinnert sich. Mir gegenüber, vor Cordula und dem Aufseher, fängt er an, mir Fragen zu stellen. Wer ich bin, ob ich in Hamburg wohne, was ich mache, woher ich komme, und ob ich Jüdin bin.

Auf alles antwortete ich. Hamburg gefällt mir sehr, ich befinde mich hier seit dem Sommer 2006, meine Familie kam aus Polen und Russland, mein Vater ist im Januar 1943 an der spanischen Grenze geboren, weil meine Großmutter, als sie schwanger war, aus Paris und aus dem Lot flüchten musste, um in den Bergen der Pyrenäen zu bleiben, ich bin in Paris geboren.

Der Türsteher guckt uns alle drei an, und gibt dann Bescheid, dass wir rein dürfen.

Im Zentrum des Saals, mitten in einer Reihe, warten drei nebeneinander stehende leere Plätze auf uns.

Ich bin ganz Ohr, suche mit den Augen alles ab. Lanzmann sitzt auf einem Sessel auf der linken Seite der Szenerie, seine Übersetzerin zu seiner Rechten auf einem Stuhl und die drei Männer rechts von der Bühne. Der Raum ist deutlich getrennt. Ich habe Angst, dass die Dolmetscherin nicht korrekt übersetzt.

Was mich erst mal überrascht, nachdem ich mich an alles gewöhnt habe, sind die Majestät von Lanzmann, die zarte Silhouette der Frau und ihre Mäuschenstimme, und der geschlossen geformte Block der drei Gesprächspartner, aus dem Unbehagen raussickert, möglicherweise Furcht.

Übrigens sagt Hermann Gremliza, ihm sei zu warm, er kann auch nicht reden, deswegen schreibt er normalerweise, und seine Anwesenheit sei auch schon ein Akt. Gleich wird er seine Meinung äußern, versteckte Frage: »Es gibt die Stimmen der Palästinenser in Ihrem Film nicht, das fehlt mir, außerdem reden Sie über sie nicht.« Allerdings. Lanzmann antwortet, als ob Gremliza sich in der Person getäuscht hätte: »Ja, ich mache israelisches Kino, wenn Sie palästinensische Stimmen hören wollen, schauen Sie doch palästinensisches Kino an. Ich kann nur gut über israelische Stimmen reden, man kann nicht alles vermischen, denn wenn man versucht, die Stimmen zu vermischen, im Namen des Friedens, dann sieht man, was passiert, so wie bei Amos Gitai, es ergibt schlechtes Kino.« Als ob seine Diskussionspartner ihn nicht verstehen, fügte er am Ende hinzu: »Wenn Sie etwas anderes sehen wollen, bitten Sie doch einen Araber, den Film zu machen!«

Die deutsche Presse hat kürzlich das Verhalten von Lanzmann generell als süffisant bezeichnet.

Komisch, wie so oft hängt alles davon ab, von wo aus man die Dinge betrachtet. Das wollte Lanzmann ausdrücken.

Was ist daran süffisant, dass er eine traurige Wirklichkeit bestätigt? Max Dax führte daneben weiter: »Warum gibt es kein Fragezeichen nach dem Titel Ihres Films *Warum Israel*?« und: »Ich glaube, ich habe ihn schon irgendwo mit einem Fragezeichen gesehen bzw. gelesen.«

Mir wird richtig heiß und ich ziehe meinen Mantel mühsam aus, der Gentleman Journalist ergreift die Initiative, um mir bei dieser Aufgabe zu helfen. Als Zeugin von so viel Dämlichkeit stehe ich auf und setze mich an die Theke, bestelle mir ein Jever. Wie das Land, so das Jever. Lanzmann ist nicht der Typ, Fragezeichen zu setzen, das ist es, was er dem jungen Mann höflich erläutert. Es tut mir weh zu sehen, wie er erklären muss, sein Titel sei eine Affirmation, er stellte diese Frage nicht, Warum Israel, und ja, wenn er das hören wollte, falls sie es hören wollen, er habe nicht die Existenz Israels zu rechtfertigen und er wird es auch nicht tun. Er schließt seine Antwort ab mit den Wortern: »Ich bin nicht Spielberg«, welche die Übersetzerin in einem munteren Ton ausspricht. Bestimmt denkt sie, alle können das verstehen, tatsächlich lachen ein paar, und es wird das einzige Mal sein, dass es eine Reaktion in der Zuhörerschaft gibt.

Auf die Anfrage, was Lanzmann über das Geschehen dachte, über die Aktion der Gruppierung SoL (Sozialistische Linke), die die Aufführung seines ersten Films verhindert hatte, wird er einfach antworten, dass er diese Rot-Braunen schon von früher kenne, und dass es natürlich unerträglich ist.

Über den Streit mit den Antideutschen von Kritikmaximierung, die Organisatoren und die andere Gruppe sogenannter Linksextremer wurde nicht gesprochen, weder dass sie sich seit Jahren um denselben Ort zanken, noch dass weder die Einen noch die Anderen Linke sind.

Letztlich ist der Fakt, dass darüber nicht gesprochen wurde, wahrscheinlich die einzige kluge Tat an diesem Abend.

Die aktuellste Sensation wird glücklicherweise nicht thematisiert, seine Memoiren *Der patagonische Hase,* die wenig später in Deutschland erscheinen.

Ein Artikel in der Zeitung *Die Welt* hatte von einer historischen Verfälschung gesprochen, die in diesem Buch stehen soll.

Lanzmann äußert sich über die Nazi-Bürokratie und das braune Netz, das in der Freien Universität von Berlin regierte. Ein Historiker (vielleicht stammt er aus derselben Familie wie diese ehemaligen Nazis und inkriminierten Professoren?) zeigte sich brüskiert.

Sollen wir schon wieder beweisen, im Jahr 2010, dass es kaum eine Entnazifizierung in den beiden Deutschlands gegeben hat, außer bei den ganz Mustergültigen, und dass die Amerikaner die besiegten Nazis ausgenutzt haben – sie waren so leicht unterdrückbar –, um ihre antikommunistische Propaganda zu verbreiten?

Offensichtlich hat Lanzmann genug. Die anderen auch. Sie senken die Stirnen und niemand hat sich mehr etwas zu sagen. Die Diskussion hatte weniger als eine Stunde gedauert.

Er sagt: »Ich habe die Nase voll von euren Gesprächen, von diesen Diskussionen.« Er will aufstehen. »Das interessiert mich nicht, ich habe die Schnauze voll.« Die Frau neben ihm übersetzt: »Ich habe keine Lust mehr.«

Alle wollen gehen. Kein Dankeswort an Lanzmann. Man ist mit ihm fertig. Sie stehen auf.

Ich renne zur Bühne, stelle mich vor Lanzmann und kann nicht an mich halten, ihm zu sagen: »Sie hätten nicht kommen sollen. Die verstehen es nicht. Die werden es nie verstehen …«

Die Dolmetscherin sieht mich an wie ein geprügelter Hund, ich fühle mich verpflichtet hinzuzufügen: »Nein, es ist nicht wegen Ihrer Übersetzung …«

»Jetzt gehen wir saufen!«, ruft Lanzmann aus, nun umgeben von zwei offiziellen strebsamen Franzosen, die angekrochen kommen. Ich nehme mein Jever und breche sofort auf.

Die coolen Leute gehen aus dem Saal und ich sage mir, nein, Lanzmann, zum Glück, ist nicht cool.

Cordula wartet vor der Tür auf mich, ich drehe mich zum Türsteher um, bevor wir den 4. Stock verlassen: »Danke!« »Ich verstehe kein Französisch!«, antwortet er.

Ich sage es nochmal auf Deutsch, damit er diese Nacht den Schlaf der Gerechten schläft, sagt auch dem Journalisten im Lift Tschüss und stürze mich in die U-Bahn.

1947 lebte Lanzmann in Deutschland, *um die Deutschen in Zivil zu sehen*.

Mein Vater auch, ein paar Jahre später, in München, um zu sehen, wie sie lebten. Viel später, in der breiten und sauberen Straße von Eimsbüttel, denke ich, den Kinderwagen schiebend: Lanzmann hat recht, *solange ich mich weigere, es zu verstehen*, wird das Leben vor mir stehen.

Immerhin wird es endlich Zeit sein, dass ich sie mir stelle, diese Frage, und sie auch, tatsächlich: Warum Deutschland?

DIE TAUBE GEWALT DES CHRISTENTUMS

Am gewalttätigsten finde ich diese Art, Gott zu danken, die ich habe, ständig, wenn mir etwas Schönes passiert. Es begleitet mich immer.

Immer wieder, wenn ich schönen Sex habe, denke ich an Gott. Wenn ich wunderbar esse und trinke, danke ich Gott, als Nautilus mich das erste Mal kontaktiert hat, dankte ich Gott, wenn ich warme Gefühle empfinde, danke ich Gott, wenn ich Fortschritte mache, denke ich an und danke ich Gott, und Fortschritte in uns zu bemerken, wissen wir, ist das Heil, das Glück an sich. Wenn im Alltag alles reibungslos abläuft, danke ich Gott. Wenn die Zeit schnell vergeht, was ich am liebsten mag, danke ich Gott.

Wenn etwas Schlechtes passiert, denke ich nicht an Gott. Ich ziehe nie mehr an, was ich an diesem traurigen Tag getragen habe.

Es ist wie ein psychoanalytischer Reflex, eher freudianisch als lacanisch.

Das ist etwas, was mich sehr stört.

Ich mag Jacques Lacan nicht, er irritiert mich, mit seinem *Ursprung der Welt* von Gustave Courbet, versteckt in seinem Büro, das Gemälde ist ein Zeichen der Dummheit der Frauen – dass eine so zu posieren akzeptiert hat, ist der Beweis der analytischen Feststellungen Lacans. Ich mag Freud noch weniger, obwohl er ein guter Schriftsteller ist, weil er den Paternalismus in der Psychoanalyse institutionalisiert hat. Er hat dem Postmodernismus den Weg geebnet, und wenn ich an alle diese Männer denke, an die Gewissheit von Nathalie Sarraute, dass durch sie die Welt der agnostischen Ideen stärker wird als die des Handels, möchte ich nie wieder an Gott denken.

Dieses permanente Gott-Danken empfinde ich als Gewalt, diese schöne Schuld zu spüren, die mich begleitet und trotzdem immer dabei ist, mich zu stürzen, mir ein Bein stellen zu wollen, während ich laufe.

Ich laufe zum Warburg-Haus in Hamburg, heute Abend gibt es eine Veranstaltung im Rahmen der Martinstage über die Frage *Wie viel Religion verträgt die Gesellschaft?*

Es interessiert mich sehr, ich habe in der Broschüre gelesen, dass »die Reformation einerseits eine Trennung der Aufgaben von Staat und Kirche hervorgebracht, andererseits hat die Kirche jedoch auch lange Zeit eine allzu staatstragende Rolle eingenommen« und auch: »Was bedeuten die gesellschaftlichen Veränderungen für die Religion, für ihre Rolle in der Gesellschaft und ihr Verhältnis zur Politik?«

Alles ist relativ, dachte ich beim Lesen, für mich ist die deutsche Gesellschaft mehr religiös als politisiert, ich bin umgeben von Leuten, die der Kirche verbunden sind, ohne dass man es ihnen jemals ansieht, aber sie sind in der Kirche und zahlen auch dafür. Sie tragen keine Kippa, kein Kopftuch, sind nicht beschnitten, scheinen sexuell befreit zu sein, aber sie sind überall, unsichtbar, sie sind eine leise Gemeinschaft.

Die Kirche ist in der Luft, schwebend, auf allen Straßen und Plätzen, du würdest sie ergreifen, sie lässt sich aber nicht anfassen, sie hat kurze Haare, einen Haarschnitt wie in Berlin zwischen 1920 und 1930, sie ist Künstlerin, und sie denkt, dass in der Ruhe die Kraft liegt. Ohne es zu wollen – sie wurde so erzogen, und sie tanzt viel, weil es erlaubt ist.

Gott ist nicht immer da, aber die Kirche schon.

Ich komme an, betrete die Vortreppe der schönen Villa und wende mich an den Tisch, wo eine Frau mich empfängt und die Kasse macht. Neben ihr steht eine Obdachlose mit blondweißen Zöpfen, eine deutsche Clocharde, in Not. Sie fragt, ob sie alle nehmen kann, die Frau antwortet ja, wenn sie abgerissen sind, könne sie alle mitnehmen. Ich verstehe, dass es um die Eintrittstickets geht.

Ich mache keinen Sprung, das Leben ist ein Sprung, ich lache in mich hinein, weil ich schon vorher schockiert war, dass der Eintritt zehn Euro kostet, weil ich diese Veranstaltung als eine staatliche Veranstaltung ansehe. Obwohl Kirche und Staat in Deutschland getrennt sind. Es ist lustig, wie ich den deutschen Staat mit der Kirche verbinde: Es sollte kostenlos sein, weil Staat und Kirche in Deutschland nicht getrennt sind, deswegen zahlen die meisten Bürger Kirchensteuer, und es wird in den Steuererklärungen gefragt, was man für eine Religion hat – das wäre in Frankreich undenkbar. Auf jeden Fall bin ich trotzdem bereit zu bezahlen, weil ich gespürt habe, tief in mir, dass ich kommen musste. Gott begleitet mich, Gott sagt mir vorher Bescheid. Ich warte, dass die Frau weggeht, und frage höflich nochmal nach dem Preis und der Dauer, während ich heimlich schaue, ob es sich lohnt, ob es hinter der geöffneten Tür schon Leute gibt. In zehn Minuten geht es los. Ich bin hin- und hergerissen, aber ich muss meinem Instinkt folgen, und diese merkwürdige Frau ist ein Zeichen. Ich entschuldige mich und sage, dass ich wiederkomme, und gehe draußen auf die Vortreppe, wo ich eine Banane esse und kurz überlegen will. Die Obdachlose steht unten und fängt sofort an, mit mir zu diskutieren. Sie will mir ihr Ticket geben, sie kann leider nicht bleiben, sie fragt, ob ich auf jemanden warte, sie fragt, ob ich näherkommen kann. Sie kommt zu mir, sie wiederholt ihre Anfrage, kommt ganz nah. Kostenlos soll es aber nicht sein?, frage ich. Sie möchte natürlich zehn Euro dafür haben, ich muss näherkommen, und niemand soll uns sehen. Ihre Ehrlichkeit ist berührend, ich sage ihr einfach, dass ich kein Problem haben will, wenn das Ticket doch nicht mehr gültig ist. Komischerweise insistiert sie nicht. Dann wird mir klar, dass ich diese Veranstaltung der Martinstage unbedingt sehen muss.

Ich kaufe meine Eintrittskarte und frage die Frau an der Kasse: »Was wollte eigentlich die Dame vorhin mit den Tickets?« Es tut ihr leid: »Ach! Die Betrügerin hat Sie angesprochen?«, sagt sie ganz leise mit dieser typischen weiblichen christlichen Verschämtheit. »Die Betrügerin wollte Ihnen ein ungültiges Ticket verkaufen?« »Es ist okay«, antworte ich lächelnd und gehe in die Bibliothek.

Der ovale Lesesaal ist rund
Wie das Leben
Die Bibliothek ist so schön, sie ist meine Rückbesinnung

Und die Betrügerin der goldene Stern, der mir den Weg gezeigt hat

Die arme deutsche Täuscherin in der Jüdischen Enzyklopädie

Die Leute sitzen im Halbkreis, überall Holz und Bücher

Ich dringe ein und bin nicht drin.

Die Christen besitzen die jüdische runde Welt
Das Christentum ist eine jüdische Sekte

Das ist sichtbar.

Nichts ist mehr sichtbar jetzt als der Neid der Christen.
Spürbar über die Wände hinweg.

Hörbar mitten durch die niemals umgeblätterten Seiten.

Überall ist die Welt taub in der runden Bibliothek.

Und sie sind eine leise Gemeinschaft, eine fatale Gemeinschaft.

Ich begebe mich in die absolute beruhigende Unordnung des jüdischen Friedhofs Langenfelde, wo die Eltern von Aby Warburg begraben sind und wo ich manchmal nachts über die Gitter geklettert bin.

Es fängt pünktlich an.

Der Vater, der Sohn und eine Frau der Linken. Zuerst waren die Grünen eingeladen, aber das hat nicht funktioniert, deswegen wurde die Linke gerufen…

Ich habe Angst, dass es wie gewohnt abgeht. Ich habe wieder zu viele Erwartungen: Drei Klischees sitzen vor dem Publikum. Der Vater ist ernst und souverän. Der Sohn gehorcht. Die Frau ist gegen den Krieg, gegen den Anti-Islam, den sie als den neuen Rassismus benennt, und bejaht alles, was der Vater predigt, besonders, nachdem sie von ihm geprüft wurde, was sehr oft vorkommt.

Es geht um die Flüchtlingskrise, alle betonen, wie perfekt die Kirche involviert ist. Es geht um das perfekte Modell des Deutschprotestantismus in Europa. Der Vater möchte nicht idealisieren, aber der Deutschprotestantismus plus Liberalismus sei das perfekte Modell. Religion gehörte zum Staat, innerhalb eines Rechtsrahmens. Man solle das deutsche Erbe weiter pflegen. Sein Erfolg sei selbstverständlich mit dem Scheitern des laizistischen Systems in Frankreich zu vergleichen. Lange geht es um Säkularisation (Deutschland) und Laizismus (Frankreich). Dann geht es um AfD und den Front National und die DDR, und wie fatal die Verdrängung der Religion für die Gesellschaft ist. Es geht um Ostzone und Westzone, um die Unterdrückung in der DDR, da insistiert der Vater mehrere Male, die irreversible Zerstörung in der Ostzone.

Der Vater teilt den Mantel nicht.

Marketing + Protestantismus ist ein deutsches Programm.
Luther hat die Verbindung zwischen moderner Theologie
(Deismus) und Deutschtum ermöglicht.
Luther war eine absolute Figur der (noch-nicht existierenden)
Spätromantik, er war ein *pré-romantique*, fasziniert von Rom,
neidisch gegen die Juden, aber nicht gegen das Geld,
gegen das Außen, gegen die wilden Hunde und die Bauern.
Immer auf der Seite der Fürsten.

Luther war nicht nur der Erfinder der Wiedervereinigung
der deutschen Sprache mittels der Bibel, er hat auch
die Erlösung in der Arbeit erfunden.

Ein Deutscher oder ein Araber?

In Deutschland ist es schwierig, über Religion (und über Geld) zu sprechen. Wie in den USA, man redet nicht darüber, und sie ist omnipräsent. Sie schleicht sich in die Moral, und jedes Objekt hat seinen Platz, seine Ordnung.

Nicht zuletzt, weil die Religion verhindert, elementare Dinge zu erkennen und sie in einem Ganzen zu betrachten.

Neulich gab es viel zu entdecken über die Frage des Islamismus (auch eine Religion).

Was ich mit Abstand am faszinierendsten fand, war der Versuch, eine Psychopathologie des Islamismus zu begreifen.

Ich stehe auch nicht vor einem *vermeintlichen Rätsel*, und ich verstehe nicht, warum der Westen sich diesen Fragen stellt. Ich empfinde eigentlich doch keine Faszination, nur Abscheu. Schnell schnell weg von diesem Holzweg! Es genügt mir zu bemerken, dass Islamismus nicht antiwestlich ist, sondern das

MARTIN LUTHER

Pendant des Westens. Es ist sehr schmerzhaft festzustellen, dass Terrorismus eine westliche Erfindung ist.

Ich bin keine Sadomasochistin, und ich kann schwer aushalten, wenn die Deutschen über eine Psychopathologie des Islamismus reden, obwohl sie die Religion in sich integriert haben – siehe die Ethik und die Werte der CDU und der CSU –, und selbst nicht geheilt sind. Es würde Sinn machen, wenn man die Psychopathologie der Deutschen erforschen würde. Doch das wurde schon präzise von Klaus Theweleit getan, und ich kann für uns alle in die Zukunft vorausblicken, wenn ich sein für Jonathan Littell[11] geschriebenes Nachwort lese: »Heute verstehe ich immer noch nicht, warum nicht *alle Kinder* meiner Generation mehr oder weniger gezwungen wurden, Psychoanalytiker zu werden.«

Deutschland-Europa, das von seinen Verbrechen lebt, hätte gerne noch die Gelegenheit, über Gott zu diskutieren. Aber dafür hat es Martin Luther und die taube Gewalt der Mäßigung.

Leider hat es, um dies zu feiern, nur maßvolle Predigten:

Zum Beispiel, wie man hier die wenigen Flüchtlinge empfängt. Wie Angela Merkel ein Herz hatte, obwohl sie im Fernsehen betont hat, dass sie nicht das ganze Elend der Welt aufnehmen kann (wobei die Türkei dreimal so viele syrische Flüchtlinge aufgenommen hat wie Deutschland. Und die USA nur 2.500).

Gott ist groß, das Land ist groß.

Alle Religionen sind Gewalt, und hier wird nicht über sexuelle Gewalt geredet.

Die islamische Religion, über die so viel gesprochen wird, weil so viele darüber sprechen möchten, ist Gewalt, und Protestantismus ist Gewalt, aber viel feiner. Obwohl feiner nicht das Wort ist. Viel leiser. Viel tiefer. Viel effizienter. Die protestantische Gewalt ist in gesellschaftlichen Werten enthalten. Sie ist in der Sozialstruktur eingeschlossen. Sie ist selbstverständlich mit den europäischen Verbrechern nach Amerika gereist. Sie

11 Jonathan Littell, *Das Trockene und das Feuchte. Ein kurzer Einfall in faschistisches Gelände*, Berlin Verlag, Berlin 2009 (frz. Original: 2008)

wirkt überall, wo sie kann, die christliche Gewalt, und Gott wird mir verzeihen, dass ich Protestantismus und Katholizismus verbinde. Koketterie ist wichtig, aber nicht wesentlich, was zählt, ist der Zweck.

Die christliche Gewalt ist stiller geworden. Sie ist sogar menschlicher geworden, wie die Firma Deichmann, die in heutigen und ehemaligen Kolonien tätig ist, in Griechenland, Tansania, Moldawien, Indien … Den Menschen in Not wird mit tatkräftiger Hilfe beigestanden, und sie haben die Möglichkeit, den christlichen Glauben kennenzulernen, wenn sie das möchten. Die christliche Gewalt ist in den Krankenhäusern Hamburgs. Die christliche Gewalt ist in der Beziehung zwischen Staat, Wirtschaft und Religion. Der Vater des Asklepios-Konzerns glaubt an eine Vergebung von Gott. Auch an Scientology. *Religion sells* in Deutschland. Menschlich vermarktet bleiben.

Die Deutschen sind gefährlicher als die Islamisten.

Fréquence protestante, das Radio der französischen Protestanten. Temple de la Rencontre, rue des Petits Hôtels in Paris. Ich war elf Jahre alt. Ich wurde eingeladen, in der kulturellen Sendung als junge Zuschauerin über den Film *Manon des Sources* von Claude Berri (nach Marcel Pagnol, auf deutsch *Manons Rache*) zu sprechen. Ich war glücklich darüber, dass ich sozusagen erwählt wurde, ich fühlte eine Mischung aus Stolz und Erregung in mir. Ich wurde vorher nicht genau instruiert, ich sollte einfach und spontan in das Mikro sprechen, wie ich den Film fand, den ich ein paar Tage vorher mit meiner Mutter im Kino gesehen hatte. Die Moderatorin war dünn und sympathisch. Sie hatte kurze Haare. Nachdem sie den Film vorgestellt hatte, stellte sie mich erst mal als Schülerin vor, und fragte mich, ob ich den Film gemocht habe. Ich sagte ganz natürlich, dass ich den Film nicht gemocht hätte. Sie fragte mich warum. Ich erklärte voll Leidenschaft, dass ich von einer Szene sehr schockiert war, nämlich der, wo Ugolin (Daniel Auteuil) sich auf die Brust, vor das Herz, ein Stück Band näht. Er steckte sich die Nadel in die Haut, um das Band – welches seiner Liebe Manon (Emmanuelle Béart)

gehörte – für immer in sich, bei sich zu haben. Er saß in seiner provenzalischen Hütte vor dem Feuer des Kamins, und die Kamera machte ein Close up. Mal auf die blutende Haut, mal auf das leidende Gesicht des Mannes. Diese Szene war sehr wichtig und dauerte lange. Sehr lange. Nachdem ich dies im Detail erzählt hatte und sagte, dass ich es unnötig fand, dass man diese Qual sah, kündigte die Moderatorin sofort Musik an. Während das Lied lief, gab sie mir Anweisungen. Ich sollte nichts Schlechtes über den Film erzählen, sondern den Leuten Lust darauf machen, ihn anzuschauen. Ich sollte dann nach der musikalischen Pause etwas Gutes sagen.
Es gibt viel Gutes zu sagen, zum Beispiel wie gut die Schauspielerin spielt, wie genau die Emotionen spürbar sind, dass der Film überhaupt nicht langweilig ist. Vieles gibt es zu erzählen. Ich tat es. Ich tat das, was die Moderatorin wollte.

Es ist nicht alles schlecht.

Meine Mutter, eine arabische Hugenottin, wollte unbedingt, dass ihre Kinder eine religiöse Erziehung erhielten, zumindest für die Allgemeinbildung.

Claude Lignières, Widerstandskämpfer, war mein Pastor. Als ich dreizehn Jahre alt wurde und nachdem er uns Kinder in der »Sonntagsschule« immer wieder vor dem Blindsein gewarnt und betont hatte, dass die Kirche als Institution einfach eine Machtstruktur sei, fragte er mich, ob ich mich taufen lassen wollte.

Er war ein außergewöhnlicher Mensch, mehr Glück konnte man nicht haben: Er hat mir beigebracht, dass die Menschen keine Religion brauchen. Und dass Religion nichts mit Gott zu tun hat.

Er hat mir beigebracht, niemals zu vergessen, dass, während der Vater für die Endlösung der Behindertenfrage in Polen arbeitete, die Mutter gleichzeitig für das Rote Kreuz tätig war. Diese Zeilen sind für ihn.

WARUM ICH EIN HOMOSEXUELLER MANN BIN

Hat Feminismus in der Kunst politische Folgen?

Ich bin keine Cis-Frau, was bedeutet das? Ich bin gleichzeitig heterosexistisch und beauvoiristisch erzogen worden, was bedeutet das, bitte?

Ich will keine Frau sein in dieser Gesellschaft. Ich will ein homosexueller Mann sein und das bin ich.

Ich wurde am häufigsten als weiße westliche Heterosexuelle diskriminiert, und auch oft in der Straße Château d'eau im 10. Arrondissement in Paris von schwarzen Männern angegriffen, zusammen mit meiner kleinen Schwester, die damals noch ein Kind war: »Vous allez voir comment on va vous baiser!«[12] Obwohl ich mich seit Ewigkeiten wie ein Mann gefühlt habe. Wie ein Held aus dem Zweiten Weltkrieg. Wie ein Partisan im Spanischen Bürgerkrieg oder versteckt in Südfrankreich 1943. Manchmal auch wie ein Pirat an der somalischen Küste.

Das, was ich sage, dass ich ein westlicher homosexueller Mann bin, sage ich ebenso, weil ich Feminist bin. Das hat nichts mit Solidarität zu tun. Soll man sich auch noch entschuldigen für das, was man empfindet, behauptet, für was man lebt und gelebt hat?

Das gehört zum Minderwertigkeitskomplex der Cis-Frauen oder aller Frauen wahrscheinlich. Aber das bin ich nicht. Ich kenne auch keine schwulen Männer, die sich bei den Frauen entschuldigen, weil sie gelitten haben. Das mit der Solidarität ist vielsagend. Scheinbar verwechseln unsere Gesellschaft und die Bürger, also das System, Solidarität mit Wohltätigkeit und Charity. Wer sich als Cis-Frau oder Cis-Mann bezeichnet, gehört wahrscheinlich zum Zentrum für politische Schönheit. Ich habe gehört, sie haben eine neue künstlerische politische Strategie. Sie wollen eine Brücke zwischen Nordafrika und Ita-

12 »Ihr werdet sehen, wie wir euch ficken werden!«

lien bauen, für die kommenden Flüchtlinge. Genau so wie ich es nicht nötig habe, mich zu rechtfertigen, sollen sie aufhören mit ihrer nationalistischen Scheiße.

Wir wählen als Neugeborene unser Geschlecht nicht aus. Wir wählen unsere Nationalität/Landeszugehörigkeit nicht aus. Das Prinzip einer Zugehörigkeit – einer Staatsangehörigkeit – ist schon absurd. Man kann keine gerechte Politik anfangen ohne diese Philosophie. Wie sieht die Politik sonst aus? Wie ein Teufelskreis, eine Schlange, die sich in ihren Schwanz beißt, wie ein noch fruchtbarer weiblicher Schoß!

Viele Flüchtlinge haben zu Recht bemerkt, wie Frankreich und Deutschland nicht nur ein scheußlicher Traum sind, sondern eine Lüge. Sie haben schnell genug bemerkt, wie sie instrumentalisiert werden, als glückliche neue Sklaven der Deutschen Europäischen Union.

Diese Flüchtlinge haben sich beschwert, im kalten, düsteren Nordostfrankreich oder in Deutschland gestrandet zu sein, und haben ihre Rückführung gefordert.

Ich schlage deshalb vor, ein *Zentrum für eine gegenseitige Repatriierung* zu gründen.

Es hat nichts mit Solidarität zu tun, solange man glaubt, hier wäre es besser, als wenn man glaubt, Heterosexismus sei ein normaler Erziehungsweg.

Das hat mit einer gefährlichen Selbstverherrlichung seines eigenen politischen Systems zu tun, das homoerotische Macht Krieg und Ungerechtigkeiten erzeugt und parallel ein gutes Gewissen produziert.

Das hat mit Weißwäscherei und Christentum zu tun.

Die Heterosexualität und Monogamie laufen nach einem romantischen 19.-Jahrhundert-Plan ab. Diese Sexualität der Romantik heißt jedoch Verschließung.

Und ich bin ein Mann, der sexuell auf Männer steht.

Ich will die Sexualität ohne die integrierten moralischen Fragen. Das, was die universalistischen Feministinnen der siebziger Jahre schon lange gesagt haben und was Pierre Bourdieu kopiert hat.

Ich weiß, dass Angela Davis recht hat.

Feminismus ist Wirtschaftspolitik, und Feminismus in der Kunst muss politisch sein.

Aber die wirklichen politischen Folgen treten nur ein, wenn unser aktuelles neoliberal-patriarchalisches System abgeschafft wird.

Nicht weil Angela Merkel und Ursula von der Leyen an der Macht und die Ausnahmen sind, die die Regel bestätigen, sondern weil sie stolz und eifrig die Stimme ihres Herrn wiedergeben.

Aus diesem Grund werde ich immer ein homosexueller Mann bleiben, der für die Abschaffung der Ehe ist, nicht wie diese blöden französischen Schwulen, die vor der Bastille in Paris demonstriert haben für die gleichen Rechte wie die Heterosexuellen, um dieselben abgelaufenen, ungültigen Gesetze weiter festzuschreiben.

Heutzutage, wenn ich mit meiner kleinen Tochter wieder in der rue Château d'eau spazieren gehe, habe ich den Eindruck, etwas hat sich entspannt.

Ist es die politische Folge des Feminismus in der Kunst, oder weil ich wie eine etwas ältere Mutter aussehe?

WAS HEISST UNDERGROUND?

oder
Die Überkompensation des Misserfolgs

Doch, eines Tages wird das Bewusstsein kommen.

Vergesst das nie, verzweifelt nicht daran.

Man denkt in erster Linie an den Glanz der Ökonomie, an die Feuerwerke der Philosophie, und immer, unverdrossen, erscheint der Feuerwehrmann des Denkens.

Danach macht man sich klar, dass es eine Übersetzung nicht gibt, dass allein die Kommunikation zählt und definitiv die Sensation.

Ich kann Paul Virilio zitieren, aber man muss ihn in der Pariser Metro lesen und nicht irgendwo anders. Im Underground, der Röhre deiner Innereien.

Eine Novene mit Verstopfung.

Ja, denn wir sprechen hier genau von diesem Land, dem Underground, dem ökumenischen Kitsch der Künstler, von dem wir ein Teil sind.

Ich nehme Jacques Derrida als Zeugen, den wir selbstverständlich an der Sorbonne studiert haben, und den man – mit Dringlichkeit – vergessen muss, zumindest, um ihn nicht mit jemand anderem zu verwechseln.

Mit wem?

Vielleicht mit Jean Baudrillard, der Recht hatte mit der Behauptung, dass die Virtualität eines Sprachsystems sich dem Glück nähert, nur weil sie alle Bezüge zu den Dingen zurücknimmt.
Die französischen postmodernen Intellektuellen, Marcel Duchamp eingeschlossen, haben aus der Theorie ein beinah perfektes Verbrechen gemacht und bleiben ungestraft.

Beim pedantischen Erörtern ihrer Verweise, ihrer bezugnehmenden Zitate, lassen sie uns eingeschlossen in einem geplanten System und in ihren psychoanalytischen Tricks.

Sehen und Nicht-Sehen.

Das Licht und die Dunkelheit. Aber alles ist da unten schon gesehn, im Parkhaus der Engel, *déjà vu* der mythischen Höhlen und goldenen Keller.

Darüber hinaus ziehe ich es ehrlicherweise vor, über Nicolas Bourriaud zu sprechen.

Ein Kritiker, den ich kenne, da er im 10. Arrondissement von Paris wohnte, in der Nähe des Marché Saint-Martin, wo wir uns manchmal im Réveil du 10ème gekreuzt haben.

»In einem kulturellen Universum, in welchem die Überproduktion und die Konfusion vorherrschen, sollte man vielleicht wieder Keller errichten«, sagte er 2007 im *Beaux Arts*-Magazin.

Die Essenz der Problematik des Undergrounds liegt dort, und selbst eine Intention oder ein Text, geschrieben mit der ganzen erforderlichen intellektuellen Eleganz, schafft es nicht, dies auszuradieren:
Nicolas Bourriaud besetzt die Funktion als Chef vom Dienst der Aufsichtsbehörde des künstlerischen Schaffens des französischen Kulturministeriums, das sich, wie jeder weiß, als »underground« definiert.

Vielleicht gibt es eine Unschlüssigkeit, ein Nichtverstehen, eine Verwechslung?
Ich muss mir in der Eigenschaft als Fremde und als Herrin über meine Lieben beim Wiederherstellen des Sinns helfen, ohne Angst davor, die Wirklichkeit zu benennen:
Das *Beaux Arts*-Magazin ist in Frankreich das, was das akademische *Texte zur Kunst*-Magazin ist: genauso »underground« wie Cosima von Bonin und Daniel Richter.
Man kann nicht feststellen, dass eine Verwirrung im Kunstmilieu vorherrscht.

Nicolas Bourriaud weiß dies sehr genau; wir sind auch in den Palazzi von Venedig zusammengetroffen.
Die Kunst hat eine Ordnung, wie auch einen Preis.

Und ihr wisst es nur zu gut, ihr, die ihr nicht von der Kunst lebt.

Es gibt keinerlei Desorganisation im System, es sei denn, man wolle Ferdinand de Saussure interpretieren, den Schweizer Aristokraten, vom Signifikant (Lautbild) und Signifikat (Vorstellung) als nachhaltige Werte.

Die Hoffnung der Sklaven ist die Macht der Herren.
Auf Deutsch im Text.
Wir wissen es nun, dass wir Fremde sind in einem Land, das nicht das unsere ist:

U-Boote einer zweifelhaften Philosophie, Träger und Überträger von Keimen, die wir aufblühen sehen möchten, für uns, für uns allein, für unsere Nachwelt. Dies ist, was wir sind und was wir uns erhoffen.
Dafür sind wir bereit zu respektieren, was wir nicht einmal verstehen.
Wir akzeptieren, den Anderen zu helfen, falls die Ordnung gewahrt bleibt.

Aber nein. Ich ziehe es vor, mit dem zu langweilen, was ich gesehn und gehört habe.
Hier genau in der Underground Zero Höhle. Veni Veni Veni.

Die retinale Bewusstwerdung meiner universitären obligaten Pariser Erziehung und das Gewicht meines väterlichen Erbes (mein Vater war ein Leibwächter von Jean-Paul Sartre) hindert mich daran, zu tun als ob.

Ihr sagt, es wäre nicht schlimm, nicht zu verstehen.
Ihr habt nicht recht, wenn ihr an das Großbürgertum und an Marcel Duchamp glaubt.
Wir verwechseln die Alternative
mit dem Underground
Welcher, wie ihr wisst,
keinen Inhalt hat.

Und wir suchen vergeblich das Licht,
Und bringen es mit der Dunkelheit in Zusammenhang
Wir bleiben schändliche furchtsame Christen

Und ich schäme mich für uns.

Würden wir es wagen, mit Michel Foucault zu enden, der, wir erinnern uns, sagte, ich paraphrasiere:
»Eine *veuve poignet*[13] hebt niemals die Peitsche der Wahrheit auf, welche zuschlägt«?

Underground, ja, aber nur von hinten.

Was heißt Underground?
Was heißt Denken?
Wie der Philosoph gesagt hat,
auf Deutsch im Text.

Man muss es sagen, meine Freunde,
gegen die blinde Gewalt der Worte, der Spiele
und der Diskurse:

es gibt keinen Underground,
es gibt nur die Macht.

13 Wörtl. etwa *Handgelenkswitwe*, ugs. Ausdruck für Masturbation

Das deutsche Gesicht
Ein Weg zur Zukunft
Es gibt keinen Underground. Es gibt nur die Macht.

SALZ DER HELDEN

A wie Austrofaschismus
B wie Bevölkerung
C wie Christlichsozial
D wie Denk mit!
E wie Elisabeth Reichart
F wie Felsbunker
G wie Großeltern
H wie Heldinnen
I wie Ideologien
J wie Jura Soyfer
K wie Krude Allianz
L wie Leoben-Donawitz
M wie Mitgliederzahl
N wie Nazi
O wie Opfer
P wie Partisanentätigkeit
Q wie Qual
R wie Rote Armee
S wie Schule
T wie Terror
U wie Unsichtbarkeit
V wie Volksgedächtnis
W wie Wissenschaftliches Erinnern
X wie X
Y wie Ybbs an der Donau
Z wie Zaundürr

Für Astoria, die nie existiert hat

Weniger bekannt ist das Paradox der Toleranz: Uneingeschränkte Toleranz führt mit Notwendigkeit zum Verschwinden der Toleranz. Denn wenn wir die unbeschränkte Toleranz sogar auf die Intoleranten ausdehnen, wenn wir nicht bereit sind, eine tolerante Gesellschaftsordnung gegen die Angriffe der Intoleranz zu verteidigen, dann werden die Toleranten vernichtet werden und die Toleranz mit ihnen. – (...) Wir sollten für uns das Recht in Anspruch nehmen, sie, wenn nötig, mit Gewalt zu unterdrücken.

Karl Popper, *Die Offene Gesellschaft und ihre Feinde*

Österreich als unsichtbare Heimat. Man warnt mich. Deutschland ist nicht Österreich; auch nicht während des Zweiten Weltkrieges. Wovor warnt man mich? Vor Dummheit oder vor einer Verwechslung, was noch schlimmer ist? Man droht vor meinen geöffneten Augen mit dem wissenschaftlichen Erinnern, wie man auch eine Fahne schwenken könnte?

Widerstand gegen Heimat. Heimat ist nur mein Bauch. Zaundürr wie mein Großonkel. Als er von der Roten Armee befreit wurde. In der Mitte das doppelte Gesicht der Berge. Im Januar 1943 bombardierten die Alliierten Hamburg. Sichtbarer Widerstand. Gut und gerecht. Aber wahrscheinlich nicht so stark, wie das, was meine Großmutter getan hat, zur selben Zeit: meinen Vater gebären, unsichtbar, in den französisch-spanischen Bergen. Worüber kann ich ehrlich reden? Wovon kann man überhaupt wahrlich schreiben? Wofür, weiß man doch fast immer. Ein Widerstandskämpfer ist kein Historiker. Und umgekehrt. Aber das lernt man nicht in der Schule. Die Mitgliederzahl ist schwer zu schätzen, oft bleibt nur die populistische Geschichtserzählung. Widerstand ist Widerstand gegen die Bevölkerung. Die Unsichtbarkeit des Widerstandes zeigt mir erst, was in meinen Adern abläuft: Das Blut der Ideologien hindert mich nicht daran, die Feinde zu lieben. Es ist sichtbar, mehr und mehr, wenn ich in einem voll-

Europa hat eine Verantwortung für Afrika im ureigenen Interesse. Deshalb haben wir verabredet, dass wir im Rahmen unserer G-20-Präsidentschaft auf die Entwicklung neuer Märkte und Wachstumspotenziale mit unseren afrikanischen Partnern einen Schwerpunkt setzen werden. Wir beginnen, über einen »Compact with Africa« zu sprechen – ein deutscher Vorstoß für unsere Präsidentschaft. Wir wollen damit private Investitionen in Afrika sicherer machen, Investitionshemmnisse abbauen und Investitionsanreize setzen.

Wolfgang Schäuble in:
Frankfurter Allgemeine Zeitung, 27.09.2016

gestopften Bus stehe, bietet man mir ganz zuvorkommend einen Platz an. Wer sind diese netten Leute denn? Partisanen oder Volk? Unsichtbar bleibt unsichtbar, genauso ist es unnötig, blind zu sein, um nichts zu verstehen. Nicht mit den Worten spielen.

Dafür hätte man mir den Kopf rasiert. Oder noch viel mehr. Wohin deine Phantasie dich führt. Vielleicht. In einem Felsbunker vergewaltigt. *Du wie vogelfrei.* Wie und wo kann ich mich verstecken? Würdet ihr mir helfen? Aber natürlich. Zwischen Opfern.

Der Bus überquert die Straße in Leoben. Zum Glück gab es die KommunistInnen. Morgen nehme ich den Zug, um meine Österreich-Tour fortzusetzen.
Durch das Fenster erkenne ich schon die kleine Stadt. Von Strobl kenne ich nur Ingrid und die Heldinnen. Sieht aber sehr schön aus auf der Fotografie, am Ufer des Wolfgangsees. Am Nachmittag gehe ich spazieren. Durch die Pfade, Igel sammeln und sie nach Hause mitnehmen: am besten die, die pieksen, und die Natur einatmen, für die Zukunft, die ich in mir trage, unsere Gedanken stürzen hinab, unser Fleisch wird im See abgewaschen. Die Logik der Gehorsamkeit ist viel schlimmer als der Hass. Es war aber keine Gehorsamkeit. Die Menschen des Landes haben darauf gewartet, schon vorher alles eingeübt und zugestimmt. Gemeinsames Interesse vereinigt auch die gesellschaftlichen Schichten.

Und die Rückkehr des Landeskindes.

Widerstand ist: die Symbole nicht umzudrehen.

Warum schon wieder über Qual, Terror, Austrofaschismus und Nazismus reden?

Es gibt doch auch einen neuen Tannensaft, siebzig Jahre später, der durch die Berghänge hinabfließt, ein flüssiges Salz, das Salz der Helden.

DAS FABELHAFTE

Das Fabelhafte
Eine sternhelle Nacht
Ein Wald ein Haus darin unter einem unendlichen Baum

Das Fabelhafte   es ist kalt draußen

Und warm im Inneren

Es war warm im Wagen und
An der Fensterscheibe strichen die Bäume des schwarzen
und grünen Waldes vorbei
Tief drinnen gibt es ein
Fabelhaftes Leben wo ich umherrenne

Bis zum Rand zwischen den Baumstämmen

Das Moos   das feuchte Holz
Und es ist kalt

Mein Heim
Die Flora sein Dekor
Die Fauna mein Schutz
Es sind sie, die mich warnen
Wenn Liebe sich mir nähern will

Liebe ist ein Mann, der herumschleicht
Ich weiß es und ich warte auf ihn
Ich habe Angst und ich weiß doch, dass es fabelhaft ist
Der Wald ist mein Körper, voll von Dornbüschen und voll
von Humus
Das Fabelhafte ist das Warten
Das Fabelhafte ist diese erwartete Konstellation selbst
wenn man weiß
Daher wusste ich von Intuition und Phantasie
Eine vom Romanhaften maskierte Antizipation

Das Fabelhafte, man erwartet es durch eine Windschutzscheibe,
wenn der grünschwarze Wald unter Ihren Augen vorbeizieht

Ein Mann sucht mich und
Ich hasse ihn und ich sehne mich nach ihm
Ich hasse ihn, weil ich ihn begehre
Und er ist mein Ziel, denn
Er ist die Liebe und
Liebe ist die schlimmste von allen Gefahren
Schlimmer noch als der dunkle Wald selbst

Aber der Wald ist die versteckte Darstellung der Liebe
Ich erinnere mich an die Geschichte
Die ihn zu mir geführt hat (versteckt im Wald)
Er ging spazieren die Pfade entlang dann plötzlich
Stieß er auf etwas
Glänzend, golden, da vor seinen Füßen

Es ist ein Goldstück oder eine Medaille
Und es gehört mir
Er weiß dann auch,
Dass er mich wiederfinden muss, mitten in diesem Wald
Von diesem Pfad gesäumt.

FCK

LIBERTÉ - ÉGALITÉ - ENCULÉ[14]

Helsinki, Finnland, April 1941

Er war kleiner als ich, hellbraune Haare, kleine Augen, dünne Lippen, scharfe Zähne, er hat mich im Nacken gebissen einfach so um mir weh zu tun die Augen waren blau als ich endlich sein Gesicht sah hat er meinen Schwanz gepackt, viel später habe ich seinen Namen gehört: Herbert Ohrt, Major der 3. Artillerie, Regiment 175, und auch
dass er der Liebhaber von Hugo Ferdinand Boss war. Ich sagte nichts, wie immer. Ich seufzte nur, konnte es kaum erwarten, er wusste es, er hat mich geohrfeigt mit seinem schwarzen Lederhandschuh, das hatte ich so noch nie gerochen, so viel Leder – und Spermageruch, ich hätte fast abgespritzt, niemals habe ich das gespürt, so viel Erregung in mir, seine Uniform hatte er anbehalten, so etwas Scharfes hatte ich noch nie gesehen, er riss meine herunter und presste mich auf den Boden er zog meine Unterhose runter und spuckte auf seinen Schwanz und ließ ihn bis zum Anschlag reinfahren, er wusste, dass es das erste richtige Mal war, er drang noch tiefer ein und zog ihn dann wieder raus, ich blutete und es tat mir unheimlich weh, er steckte seinen Finger rein und strich um mein Loch und ich musste dann mein Blut und seine Lederhand ablecken.

Ab der kommenden Nacht wurde ich auch der Sklave von Hugo Boss, bekannt für seinen Eifer beim Sex und im Leben, wenn man die tiefen Freuden mit ihm erleben wollte, musste man mit dem Hitlergruß beginnen.
Ich liebte sein Ritual
Er war ein Mann
Und endlich auch ich.

. . . .

14 enculé – frz.: arschgefickt

Liberté égalité fraternité

Ein Jahr davor schrieb Jean Cocteau in *La gerbe* seinen Aufruf für eine neue Ordnung Europas und arbeitete an seinen ästhetisierenden Zeichnungen muskulöser Seemänner weiter. Er hat vor Touko Laaksonen zu der Virilisierung der Homosexualität beigetragen.

Ist es wahr
Dass Touko Laaksonens Kunst zur Emanzipation aufruft?

Vielleicht zur Freiheit der Männlichkeit
aber sicherlich
zu ihrer Macht

Die Männlichkeit

Die Virilität ist ein Graben
dunkel und feucht
ein Panzer, der vor der Sonne Angst hat
und sich schwarz anmalt
sich im Kreis dreht
schneller und schneller
bis er sich selbst zerstört
davor hat er die Anderen vernichtet
Rad der Männlichkeit,
das Ikonen braucht,
Ideale aus der Antike

Die Männlichkeit scheint nur da zu sein
versteckt sich
hinter einem schönen Körper
groß und manchmal gesund
sportlich
auf ihrer Fahne
aufgerichtet, flatternd im Wind
sind die Worte der USA
Freiheit und *E pluribus unum* geschrieben

Die Männlichkeit hat eine eigene Ordnung
eine fast perfekte Mechanik

in welcher die Untertanen gläubig bleiben
stolz und verblendet.

Die Männlichkeit lehne ich ab

Alle männlichen und patriarchalen Formen
Sowohl die heterosexuellen wie auch die homosexuellen
lehne ich ab

wie auch die Männlichkeit immer homosexuell ist

Marguerite Duras hat es vor Klaus Theweleit ausgesprochen

es mag widersprüchlich erscheinen, wie die Nazi-Ideologie auch:

Ich lehne die Männlichkeit ab

Eine Schlange, die in Klischees zerteilt
um zu herrschen
unilateral und radikal ist sie

und ich viel zu wenig

Warum sollte Tom of Finland die Gemeinplätze der Männlichkeit verdreht haben? Er wurde erregt durch die Uniformen von Hugo Boss
er bekam einen Steifen, als er mit Nazis Liebe gemacht hat
und wenn er sie gezeichnet hat
wie Jean Cocteau hat er das Hakenkreuz nach und nach aus seinen Zeichnungen gelöscht

Er hat jedem seinen Arsch aufgehalten
und nach dem Krieg das Spiel der apolitischen Kunst nahtlos weitergeführt

Kultur der Anpassung
Wie bei einem braven Großvater, der sich anpassen musste
wie Hugo Ferdinand Boss, der als Mitläufer eingestuft war
wie Adolf Hitler mit einem Ei

ist die Männlichkeit das Schweigen

Warum etwas anderes erfinden?
Blickwinkel konstruieren, die besser zum Zeitgeist passen

aus Bequemlichkeit
aus Angst vor der Realität

Die Ästhetisierung und die Fetischisierung des Faschismus hat noch niemanden befreit

Das wissen wir alle

Die faschistische Dimension der Homoerotik hat nichts mit Emanzipation zu tun.
Sheila Johnston schrieb 1992 in *The Independant* über den Film *Daddy and The Muscle Academy*, man könne nicht ständig hinwegschauen über die Ähnlichkeit sowohl mit SM-Pornografie als auch mit faschistischer Kunst: Aber der Film ist zu sehr damit beschäftigt, Tom of Finland als den Standartenträger der Gay-Pride-Bewegung zu feiern..

Sie lächeln alle
nicht aus Solidarität

sondern weil sie glücklich sind
Klone zu sein
in der Welt der Unterwerfung

Narziss betrachtet sich in den Spiegeleiern

Es ist geil
es ist Sex mit sich selbst
es ist Gleichheit mit Sicherheit
und nicht Egalität mit den Anderen

SM Kreis
der sich in den Schwanz beißt
wie ein Pudel in Hamburg
am Hafen
instrumentalisiert von der Gentrifizierung
mit dem Segen seiner Väter

Wir Kreativen wissen, dass wir ein wichtiger Teil der Gentrifizierung sind
Die Stadtplaner brauchen die vielseitige Community von homosexuellen und heterosexuellen Lebenskünstlern.

Und die Steine, die wir bringen, bauen die bürgerliche Mauer des Neoliberalismus

Die kapitalistische Brüderlichkeit

Tom of Finland hat die heteronormativen Werte wieder zu Ruhm und Ehren gebracht
oder sie umgedreht
aber nicht aus Solidarität mit der gefickten Erde

dies zu glauben ist eine neoliberale Erfindung der USA

Er hatte weder ein progressives noch aufklärerisch-politisches Projekt
Er war ein Werber, ein Gra-ficker, und ein Hipster
Er war ein Produkt Sankt Georgs

Man würde es gerne anders lesen können
Man erfindet um das System herum, um es weiter zu verteidigen

Es ist peinlich und pathetisch wie die Realität:
Jean Cocteau und Arno Breker,
fickend in Paris
in einem Zimmer des Hôtel Majestic, Avenue Kléber,
dem Sitz des Oberkommandos der Wehrmacht in Frankreich
an einem hellichten Tag des Sommers 1941

ich verwerfe diese Oberflächlichkeit
im Namen der Französischen Revolution
nicht der bürgerlichen
sondern der der Commune de Paris
der Kompromisslosen
nicht die der Bourgeoisie, die mit dem Adel gefickt hat
um das heteronormative System zu begründen

weil – hier sind wir

Das beste Beispiel bleibt Frankreich und dessen größter Teil der homosexuellen Gemeinschaft, die wie die Heterosexuellen sein wollten und nicht diese veraltete und ungerechte Idee, was heiraten bedeutet, infrage gestellt haben: Sie wollten die Ehe – und nun haben sie sie.

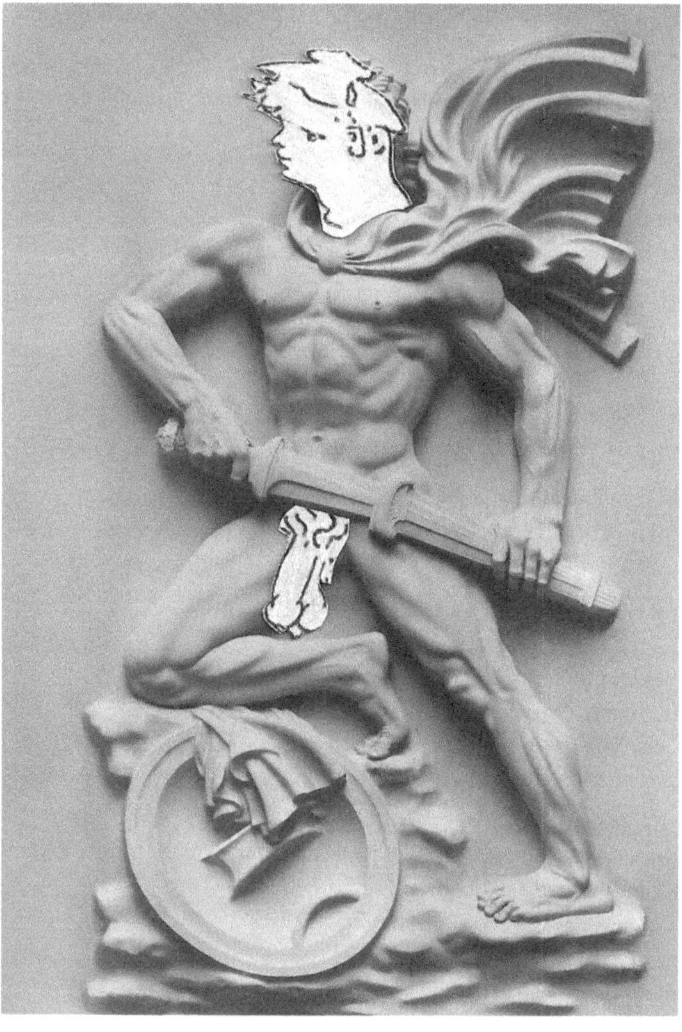

Eine neue soziologische Studie des Cevipof in Paris zeigt, wie konservativ die verheirateten homosexuellen Paare sind und dass sie sogar häufiger rechtsextrem gewählt haben als die heterosexuellen Verheirateten.

Die Grenzen überschreiten
das ist es

Dahin gehen wo es vielleicht weh tut
wo der Ausweg eng ist
unsere ordoliberale Gesellschaft zurückweisen
in der man alles darf
in der alles erlaubt ist
solange man den neoliberalen Regeln
folgt

auch das Privileg, ein Arschloch zu sein

Wenn die Menschheit Gerechtigkeit braucht, wird sie hier
keine finden

deshalb

lehne ich den Neoliberalismus ab

Wir brauchen keine Solidarität
wir brauchen sofort
Verweigerung
Ablehnung
Veränderung ohne Kommunitarismus

darum lehne ich das Universum von Tom of Finland ab

Es gibt keine Egalität

Ich bin sexuell und ökonomisch von der Brüderschaft
ausgeschlossen

aber wir sind frei

....

Los Angeles, USA, Mai 2015

Die finnische Marke Finlayson führt eine neue Kollektion mit der Kunst von Tom of Finland ein – Ikone der Gay Community in den 70ern und 80ern. Diese Kollektion inszeniert die Erotic Art des Künstlers auf Satin-Bettbezügen, Frotteehandtüchern und Shopping Bags. In ein paar Monaten werden auch neue Modelle und Textilartikel eingeführt, speziell für die Küche.

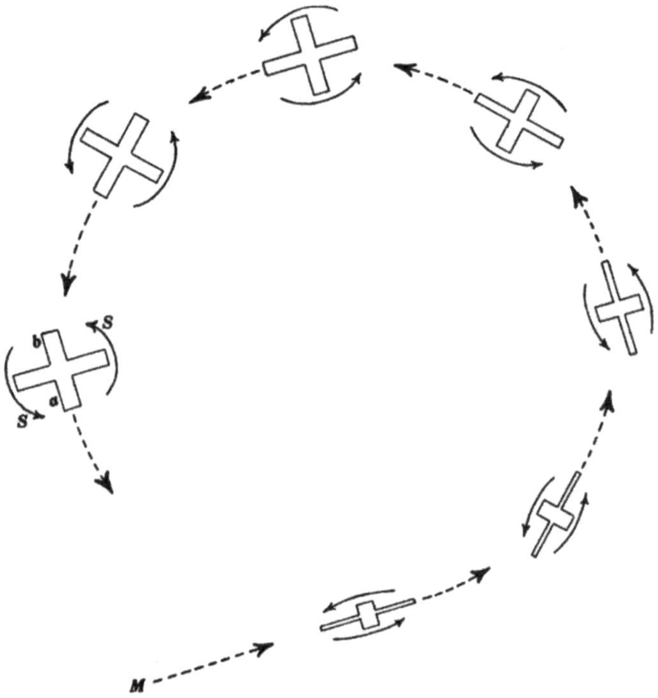
S
b
a
S
M

KEINE VERSÖHNUNG

Ich weiß nicht, was dies in euren Köpfen bedeuten soll.

Schon ihr redet nicht, und umso weniger, je ästhetischer ihr seid.

Ich weiß nicht, welche Stimmen ihr hört, und wenn überhaupt, wonach sie für euch klingen.

Aber ich will sagen, was ich höre und was ich sehe. Ich will es genau aussprechen vor euren Mündern.

Für mich ist es die absolute Zerstörung einer Bevölkerung. Der euren.

Ich gehe in den Straßen von Hamburg und Berlin herum, und ich sehe keine bärtigen Künstler und keine jungen christlichen retro-trendy Frauen.

Ich sehe Schweinehunde und Gerhard Sommer, der seinen Latte Macchiato in seinem Seniorenheim trinkt.

Neben dem Gymnasium, wo ich für die Volkshochschule Volksdorf Interkulturelle Kommunikation unterrichte.

Ich sehe Untote, die sich manchmal fortpflanzen, die andere Untote zeugen, die in den Straßen von Hamburg und Berlin herumgehen, und die manchmal an die Versöhnung glauben möchten. Warum, weiß man nicht, sie haben die Gutenachtgeschichten ihrer Eltern falsch verstanden.

Lasst den Teufel dort, wo er Wache hält, lasst das Christentum da, wo es hingehört.

Ab und zu seid ihr stolz, eine andere Form gefunden zu haben. Der Tod hat aber nur ein Gesicht, das euer Land zeichnet.

Die romantische *Gestaltung* will uns die Ehre der Zivilisation verkaufen. Wir wollen die Liebe:

Es gibt nichts zu verstehen, nach dem, was eure Vorfahren erledigt haben.

Wir müssen die Stiftung *Flucht Vertreibung Versöhnung* in die Luft sprengen, bevor es zu spät ist und bevor Ursula von der Leyen die Hälfte von Airbus Defence and Space für die Deutsche Nation kauft.

Um die Maschine wieder laufen zu lassen.

Schreiben, um die Bilder nicht zu sehen

BILDER

von Marie Rotkopf und Daniel Megerle

DANK

Ich danke Katharina Picandet und allen Mitarbeitern von der Edition Nautilus und ebenfalls Hans-Christian Dany.

Ich danke Daniel Megerle.